2017年度青岛市社会科学规划研究项目（QDSKL1701110）和青岛科技大学学术专著出版基金资助

中国金融稳定综合测评：

基于金融发展与经济增长的关联性

陈 阳 著

中国社会科学出版社

图书在版编目（CIP）数据

中国金融稳定综合测评：基于金融发展与经济增长的关联性/陈阳著 . —北京：中国社会科学出版社，2018.6
ISBN 978 - 7 - 5203 - 1562 - 3

Ⅰ.①中⋯　Ⅱ.①陈⋯　Ⅲ.①金融事业—经济发展—研究—中国　Ⅳ.①F832

中国版本图书馆 CIP 数据核字（2017）第 288462 号

出 版 人	赵剑英
责任编辑	谢欣露
责任校对	周晓东
责任印制	王　超

出　　　版	中国社会科学出版社
社　　　址	北京鼓楼西大街甲 158 号
邮　　　编	100720
网　　　址	http：//www.csspw.cn
发 行 部	010 - 84083685
门 市 部	010 - 84029450
经　　　销	新华书店及其他书店
印刷装订	北京明恒达印务有限公司
版　　　次	2018 年 6 月第 1 版
印　　　次	2018 年 6 月第 1 次印刷
开　　　本	710 × 1000　1/16
印　　　张	13.5
插　　　页	2
字　　　数	202 千字
定　　　价	60.00 元

概　　要

　　金融自由化改革在改善金融抑制现象的同时，导致了金融危机的频繁爆发，由此催生了世界各国对金融稳定问题的关注。伴随着国际金融一体化趋势的加快以及改革开放进程的深入，金融稳定问题在中国金融改革进程中的重要性也日益突出。一般而言，金融稳定意味着金融机构和金融市场正常运转，不发生金融危机，或在遭受冲击时能够进行有效抵御。实际上，金融稳定源自金融发展和经济增长的相互关联保持正常状态。基于对金融稳定内涵的解读，结合中国金融改革实践，本书从考察金融发展与经济增长关联性的视角，展开对中国金融稳定的综合测度。金融发展与经济增长的关联性体现在微观、宏观、系统三个层面，本书相应地从微观比较机制、宏观影响机制和系统互促机制三个角度进行研究，评述中国 1999—2012 年的金融稳定状态。

　　本书从金融稳定概念的内涵解析和对经典理论的理解出发，确立了整体研究视角和研究方向，即通过考察金融发展与经济增长的关联性来评价中国金融稳定状况。随后，系统全面地梳理了自改革开放以来我国金融体系改革历程的演进，说明金融体系伴随着经济增长的日益发展，引发了金融监管机制改革以及对金融稳定问题的空前重视。金融发展综合指数和经济增长指数的构建和分析为本书的实证部分奠定了基础。基于此，实证部分从金融发展与经济增长关联性的微观、宏观、系统层面进行展开。具体而言，本书首先解构明斯基的金融不稳定假说，判断其在中国是否成立，评价了基于微观比较机制的金融稳定状态；其次采用虚拟变量模型和状态空间模型，考察金融功能是否有效发挥，评价了基于宏观影响机制的金融稳定状态；最后采用协调发展模型，探讨金融发展的适度性，评价了基于系统互促机制的金融稳定状态。在理论和实证研究的基础上，对提高中国金融稳定水平提出了相应的对策建议。

研究表明，第一，金融发展和经济增长水平均呈现阶段性变化，其中2007年可视作自1999年以来我国金融发展的"分水岭"。第二，自1999年以来，我国金融风险水平上下波动，未呈现金融不稳定假说的不断累积之势。随着经济增速放缓和金融市场的大力发展，金融风险存在加速提升的隐患。第三，我国金融发展对经济增长呈现较为显著的正向促进作用，且该正向促进作用从2006年年底得到提升。在样本期间，我国金融发展对经济增长的影响程度出现两次明显下滑。第四，从1999年起金融发展与经济增长两个系统综合发展度的稳定提升伴随着协调度的不断恶化，从而限制了两者实现"高协调、高发展"的耦合模式。

总体来看，自1999年以来，我国的整体金融稳定状态良好，这很大程度上得益于政府政策的宏观调控和金融改革的深入推进。随着金融自由化和国际化改革的不断加速、经济增长增速的放缓、政府调控难度的提升以及新兴非正规金融机制的日益出现，我国的金融稳定在未来仍将面临较大的挑战。因此，未来我国在促进金融稳定方面，可从改善金融稳定评估框架出发，并在国际因素干扰增加的形势下，保障政策调控的平稳性。同时，深化金融风险处置机制，密切关注非正式金融的发展，及时化解金融风险。在区域经济发展不平衡的背景下，推动金融的适度发展、金融与经济的协调共进以及金融稳定政策的国际协调。

目　　录

第一章　绪论

第一节　研究背景与意义

一　研究背景

经济发展一直以来都是世界各国最为关注的问题，发展中国家的经济发展滞后的原因也是经济学界的研究重点。经济学家认为，资本匮乏导致了发展中国家的经济增长水平低下，提高储蓄率或引进外资是发展中国家实现经济发展的关键途径。新古典经济增长理论的兴起进一步证明了资本积累是经济增长不可或缺的因素。20 世纪 70 年代，发展经济学家麦金农和肖同时提出了金融抑制论和金融深化论。他们认为，资本匮乏是导致发展中国家经济发展迟缓的一个原因，但金融发展的相对落后降低了资本利用效率，是抑制经济增长的一个更重要原因。由此，金融自由化浪潮逐渐兴起。金融自由化推动了世界各国特别是发展中国家的金融改革，短期内对经济增长有较大促进作用。然而，这些快速步入金融自由化改革的国家先后出现了金融自由化的负面影响：金融风险逐步显化，金融危机频繁爆发。传统经济学理论并未对金融危机问题做深入的分析和解释，金融危机爆发潮使经济学界开始认真反思传统经济学理论。正是在这一背景下，金融脆弱性、金融稳定性等概念应运而生。

改革开放以来，中国经济的持续快速增长伴随着金融改革的不断深入。自 1983 年确定中国人民银行的央行地位开始，银行业商业化改革、金融市场的开发、金融相关法律的制定和实施逐次展开，30 多年的金融市场化改革取得了令人瞩目的成就。中国虽受到一些金融风波的影响，但还未曾爆发真正意义上的金融危机。但是，伴随着国际金融一体化趋势的加快以及改革开放进程的深入，金融稳定问题在中国金融改革进程中的重要性日益突出。近年来，中国金融市场化改革更加注重金融稳定，而金融不稳定对经济增长的影响也初现端倪。在这种形势下，研究中国的金融稳定问题对保障金融业的健康发展，从而有效发挥金融的经济增长效应具有重要意义。

二 研究意义

理论上对金融稳定的概念解读缺乏一致观点，且已有研究试图对金融稳定度进行测算。国际金融机构，如世界银行、国际货币基金组织、国际清算银行等以及许多国家的中央银行（德国、英国、挪威等）定期发布金融稳定报告，相应的金融稳定论坛也越来越受到社会各界的普遍关注。2005 年 10 月，中国人民银行发布了首份《中国金融稳定报告》。2011 年，国际金融部门评估规划项目（FSAP）正式发布了我国的金融稳定评估报告：国际货币基金组织的《中国金融体系稳定评估报告》和世界银行的《中国金融部门评估报告》。

相对而言，《中国金融稳定报告》针对我国每年的金融体系状况进行描述性统计，各期报告的结论较为笼统，且缺乏一定的内在可比性。FSAP 发布的《中国金融体系稳定评估报告》采用更为先进的评估技术和更符合国际规范的研究指标，但对我国的金融稳定评估仅开展了一期，且每五年为一个评估周期，因而对我国较长时间段的金融稳定状况评估不足。因此，虽然社会各界和国内外各专业研究机构正在对金融稳定问题进行广泛研究，但仍有必要从学术角度对该问题进行深入探讨，从而明确我国的金融稳定态势。

一般而言，金融稳定意味着金融机构和金融市场的正常运转，不发生金融危机，或在遭受冲击时能够进行有效抵御。实际上，金融稳定意味着金融发展和经济增长的关联性保持正常状态。笔者认为，深入探讨金融发展与经济增长的关联性是研究金融稳定的一个重要视角。同时，在金融稳定框架下的研究更有助于深入解析金融与经济之间的互动关系。因此，在相关理论的基础上，从不同层面研究金融发展与经济增长的关联机制，在理论上有助于进一步认识金融稳定的内涵和拓展金融稳定评估的方法，在现实上则有助于对当前的金融稳定评估项目做出补充和验证，有助于更为深刻和全面认识我国的金融稳定状况。

第二节 文献述评

一 金融稳定的内涵

随着金融危机的频繁爆发和对金融理论的深入研究，对金融稳定的关注度日益提升。然而，研究者从不同的角度试图定义和分析金融稳定，对其概念和内涵仍缺乏统一的观点。

克罗克特（Crockett，1996）研究了金融机构和市场不能正常发挥作用的情况，认为金融稳定要求金融体系中主要的金融机构和金融市场保持稳定。金融机构正常运营，使公众相信该机构能持续履行合同义务而无须依靠外部支持；金融市场中各经济主体能正常交易，交易价格能够反映市场信息，且在短期内保持稳定不会剧烈波动。

杜伊森伯格（Duisenberg，2001）认为，金融稳定不仅指金融主体能够平稳正常地运行，而且指的是一种保障金融机构、金融市场和金融基础设施良好行使其职能的环境。当遭受外部冲击时，金融体系保持相对平稳而不会导致资源配置过程发生障碍或失效。

Padoa-Schioppa（2003）也认为，金融稳定指的是一种状态或环境，即在金融稳定的状态下，金融体系能够防范来自内外部的冲击，当实际冲击到来时，又能够有效抵御冲击，保障金融功能的发挥，确保储蓄转化为投资的效率。

富特（Foot，2003）研究了达到金融稳定所需具备的条件，大致分为四类：第一是货币保持稳定；第二是金融体系的各参与方对金融体系的正常运转抱有信心；第三是失业水平较低，接近自然失业率；第四是金融资产价格相对稳定，不出现大幅波动。

杭本等（Honben et al.，2004）认为，在金融稳定状态下，金融体系能够达到这样一种状态，即在平时服务于行业和经济发展时能够有效发挥资源配置功能，能够评估和防范潜在的金融风险，而当遭遇风险时能够有效地化解风险。金融稳定状态会随着时间的推移发生相应变化，但要求它的内在构成要素保持相互一致。

Schinasi（2004）认为，对金融稳定的界定可从五个方面着手：第一，金融稳定与金融体系的各个方面都密切相关，如金融机构、金融市场和金融基础设施等，因此需要从系统的角度进行分析；第二，金融稳定与货币稳定两者间存在密切的联系；第三，金融稳定要求金融体系能够抵御并消化潜在金融风险，从而不会导致大规模金融危机的爆发；第四，金融稳定离不开金融对实体经济的支持和影响；第五，金融稳定是一个动态、连续的概念，应从动态角度研究。他认为可以从金融功能的角度对金融稳定进行界定，即金融稳定表示金融体系的功能能够发挥良好，能够有效支持经济增长，能够管理金融风险并在经受冲击时仍然较好地发挥其关键功能。

此外，Arnold 和 Anjan（1997）、威廉（William，2005）、艾伦等（Allen et al.，2013）也对金融稳定的内涵从不同角度进行了解释。

国内对金融稳定内涵的研究也是众说纷纭。

王元龙（1998）认为，金融稳定意味着货币资金的融通过程具有较高的安全性，因此在研究金融稳定时，应当关注与货币流通相关的各类经济金融活动，观察资金融通过程是否顺利和安全。

张幼文（1999）认为，金融危机的爆发存在一个临界点，在金融发展过程中金融风险会逐步累积，一旦超过临界点就可能爆发金融危机。因此，金融稳定是指金融体系能够确保自身金融风险的积累不至于到达引发金融危机的临界点，即金融体系自身对金融风险有抵御性，能够有效地在风险环境中保障金融功能的正常发挥。

陈满堂（2000）、戴小平等（2000）也认为，金融稳定是指一个经济体在其资金融通过程中能够免受金融体系内部或外部因素的威胁，即金融体系自身能够起到对资金融通过程的保护作用。

刘锡良、罗得志（2000）认为，无论决定金融稳定的因素的效应和传导过程如何，最终都会反映到金融市场上。基于此，他们认为，金融稳定意味着金融市场保持均衡，当外部条件不改变时，利率、汇率、官方储备和货币供给量等金融变量能够相互协调发展。同时，金融市场的均衡是动态的均衡，其从低位到高位的均衡改变受制于三个主要因素：金融制度的相对稳定性、经济与金融发展水平的关联性、对国际资本的依赖及防范。金融稳定的实质是平稳的金融增长。

刘清江、张晓田（2001）认为，金融稳定是一个立体多维的范畴，不仅是一种客观状态，即一个经济体在一定时期体现出的稳定状态；也意味着一种主观能力，即一个经济体能够维持其金融体系正常运行的能力。

王元龙（2004）认为，金融稳定指的是一个经济体能够抵御国内外各种对金融发展过程产生的威胁，确保一个经济体内部的金融体系的相对稳定和独立性，确保金融主权不受侵犯，从而保障金融功能的正常发挥。

吴念鲁、郧会梅（2005）认为，金融稳定首先要求货币供求均衡从而币值稳定，资金借贷均衡从而信用稳定；其次要求金融体系和金融市场保持相对稳定；再次要求国际收支平衡，汇率在短期内不发生大幅波动；最后要求金融体系各个组成要素的结构合理、协调、稳固，金融与经济和社会发展相互适应，不会出现明显的相互冲突的局面。他们认为，金融体系能够稳定、正常地发挥其功能是金融稳定的实质，同时，金融稳定有赖于金融与经济的协调发展。金融稳定像其他系统的稳定一样，不是绝对的、静态的稳定，而是相对的、动态的稳定。金融不稳定才是绝对的、内生存在的。

张洪涛、段小茜（2006）对金融稳定的有关问题，如金融稳定的内涵、金融稳定的分析框架、央行对金融稳定的影响、货币政策与金融稳定的关系等方面进行了综述和评价。他们对相关文献进行了整理，认为当前对金融稳定的界定主要包括抵御冲击说、管理系统风险说、要素描述说、金融功能说、金融不稳定说等。通过比较，他们认为金融功能说和管理系统风险说对现实具有更强的解释力和概括性。

吴军（2005）对金融稳定内涵的界定进行了综述，并对维护金融稳定的框架和应用进行了阐述。他认为，社会各界对金融稳定的界定大致可分成两类：其一，用金融稳定的具体特征来进行的直接描述；其二，用金融稳定时不应有的特征来进行的间接描述。基于对文献的梳理，他认为金融稳定作为一个宏观概念，要求金融体系中的金融机构、市场和基础设施都能正常运转，且金融体系的各组成部分能够相互协调，有效评估、预防并化解潜在的金融风险。

邹平座（2005）认为，金融稳定意味着一个国家或地区在一定时期内的金融发展、金融效率和金融结构能保持相互协调的发展状态，而不是相互阻碍、影响金融体系的整体运行。

王长江（2006）认为，对金融稳定的界定可从金融稳定性以及金融稳定状态两个方面展开，金融稳定性是指金融体系有能力承受或抵御内外部的不良冲击，而金融稳定状态指的是金融体系的主要组成部分（金融机构、金融市场和金融基础设施等）能够相互配合发挥作用。

段小茜（2007）认为，金融稳定要求金融体系的内部各组成部分相互协调、相互促进，相关制度安排合理有效，能够推动金融体系实现其风险管理和资源配置等关键功能。

2005年，中国人民银行发布首份《中国金融稳定报告》，对金融稳定做出了如下界定："金融稳定是指金融体系能够处于有效发挥其关键功能的状态。在这种状态下，宏观经济健康运行，货币和财政政策稳健有效，金融生态环境不断改善，金融机构、金融市场和金融基础设施能够发挥资源配置、风险管理、支付结算等关键功能，而且在受到外部因素冲击时，金融体系整体上仍然能够平稳运行。"

以上文献对金融稳定进行了多角度的不同界定和解释，虽然分析角度有所区别且缺乏一致结论，但可以确定的是：第一，金融稳定涉及的范围较广，包括金融机构、金融市场等主体；第二，金融稳定最基本的内涵是保障金融功能的运转，并能抵御冲击；第三，金融稳定是动态、相对的概念，平稳波动是良好的趋势；第四，金融稳定要求金融与经济协调发展。

对金融稳定内涵进行解析的另一思路是从解释金融不稳定出发。金融脆弱性概念源自费雪等（Fisher et al.，1933）和凯恩斯（Keynes，

1936），他们认为投资的债务融资对金融有不稳定影响。

1977 年，明斯基（Hyman P. Minsky）正式提出了债务融资的金融不稳定假说，认为经济高度依赖负债导致内生性金融不稳定。明斯基（1992）认为，经济并不总是遵循斯密和瓦尔拉斯的观点，即一般均衡理论，金融不稳定是内生的；投资联系金融与经济；实际收益取决于投资，预期收益取决于未来投资水平；金融体系的过去、现在、未来由融资关系和支付承诺联系，机构复杂性会导致中间环节增多；提出了对冲型、投机型、庞氏型三类收入—债务结构；实际分析融资关系还应涉及家庭、政府、国际的债务结构。

其他研究者从不同角度进一步研究金融不稳定理论，对其进行深入解读、理论建模和实证分析。

刘立峰（1999）介绍了明斯基理论的渊源，认为金融不稳定假说有效阐述了宏观金融风险与金融危机的相关特征，例如，金融波动源自生产波动，并反向加剧生产和经济的波动；政府的宏观经济政策能够化解金融风险，但也有可能导致金融风险的提升；金融风险的积累和金融动荡的形成很大程度上来自投机性和高风险融资的增加，而金融机构对投机的推波助澜则进一步加深了金融脆弱性。他的主要观点是，实际经济与投资活动是金融不稳定的最基本因素，即由经济大幅波动导致的信贷过度扩张和企业债务支付困境是金融风险的主要诱因。

邓翔、谭璐（2010）梳理了明斯基金融不稳定假说的逻辑线索，认为该假说的理论逻辑是：资本主义的内在不稳定性导致了借款人和贷款人的风险波动，借款人和贷款人的风险波动导致了投资的波动，投资波动则导致了资本主义的经济波动。由于利润、投资和金融等相互影响，经济波动加剧了金融的内在不稳定性。同时，他们指出了该假说的局限性和可能的发展趋势。

Lima 和 Meirelles（2007）对明斯基提出的企业负债类型假说进行了数理分析。具体做法为：在总结已有研究的基础上，构建了一个关于产能利用率和增长率的后凯恩斯主义宏观经济模型。该模型模拟了金融脆弱性，并对银行坏账进行了细致分析。模型中，企业的生产主要参照需求量进行，公司的期望投资与利润率呈正相关，与利率呈负相关。

Vercelli（2000）关注经济中的资金流动，构造模型描述金融微观波动如何导致宏观周期波动，重点区分了结构性不稳定和动态不稳定，沿袭明斯基的理论又有所区别，为进一步分析金融不稳定提供新的理论基础。

Bezemer 和 Dirk（2011）对比了解释金融不稳定的各种理论，如动态随机一般均衡模型（DSGE）、基于部门的模型（ABM）等，提出了金融的非线性复杂行为和突变源自金融结构，可利用资产负债情况进行解释。构建了资金流量模型，结果显示，杠杆率波幅随时间不断扩大，并利用该模型模拟了金融和经济波动。

Mulligan（2013）在产业层面实证检验了明斯基的金融不稳定假说。具体而言，选取了美国 8 个产业 8707 家企业的数据，将企业划分为对冲型企业、投机型企业和庞氏型企业，之后按照企业百分比、企业数量、企业市场价值等观察三种类型企业随着经济周期的相对波动。研究表明，不同产业呈现不同趋势。此外，探讨了奥地利经济周期理论（ABC）和明斯基理论的相通性。

除了明斯基对金融不稳定和金融脆弱性进行研究，其他学者也对这一概念做出了分析。

明斯基（1997）对金融不稳定的原因和传播机制进行了分析。他认为，信息对金融体系的冲击导致了金融不稳定，金融体系受到冲击后无法正常履行其资金配置职能，从而资金配置效率大大降低，影响整体生产效率。他指出，工业化国家和新兴市场国家的金融不稳定传播途径有所差异，并提出银行业监管、管理金融自由化、汇率机制选择、最后借款人、价格稳定等对策。

Marvin（2002）认为，金融不稳定的特征主要包括以下三个方面：第一，重要金融资产的价格与经济发展基本面相背离，与其基本价值严重不符；第二，社会总支出与经济的实际生产能力严重偏离；第三，信贷供给与需求呈现严重不匹配态势。

Chant（2003）认为，在金融不稳定状态下，关键性金融机构和金融市场无法正常运转，从而金融体系无法为实体经济进行有效融资，由此损害参与金融活动的家庭、企业和政府机构等的利益。

Goodhart（2007）认为，金融功能的崩溃主要来自银行违约率的上升和利润率的下降，因此，经济金融能否正常平稳地运行取决于银行的盈利情况和银行等相关金融代理人的联合违约概率。例如，经济金融不能正常运行，则表现为金融不稳定，由此会产生系统性的金融危机。

金融不稳定是金融稳定的对立面，同样包括多方面内容。但以明斯基"金融不稳定"假说为代表的金融不稳定和脆弱性理论，将研究聚焦于负债和融资角度，这为我们厘清金融稳定的研究思路提供了重要的参考。

二 金融稳定的测度

对金融稳定进行测度是研究金融稳定的重要方向。测度的两个关键事项是指标的构建和测度方法的选择。

单指标难以测度复杂的金融稳定现象，而金融稳定的内涵尚无一致结论，因此，基于金融稳定的相关概念（金融脆弱性、金融安全、金融危机等）所构建的指标值得作为参考。鉴于本书的研究对象为中国的金融稳定，考虑到数据的统计口径和可得性，只综述了对中国金融稳定及相关概念进行测度的相应研究。

何建雄（2001）对金融安全预警系统相关内容做了研究，包括金融安全预警系统的基本框架、指标体系和运作机制等方面的探讨。他认为，保障金融体系的安全不仅需要对金融机构进行监管，而且需要对更为系统全面的指标体系进行监测，并辅以合理的运作机制进行保障。他构建了包括综合微观审慎指标、宏观审慎指标、市场指标在内的指标体系，详细说明了指标的定义、构成和影响，但并未进行实证分析。

陈华、伍志文（2004）采用相关数据对 1978—2000 年我国银行体系的脆弱性进行了综合评价。研究结果表明，中国的银行体系在样本期间有 11 年是不稳定的，1992 年和 1998 年前后，中国银行体系呈现较为显著的脆弱性，反映了较高金融风险的存在。

汪祖杰、吴江（2006）构建了一个包括微观、宏观、金融生态环境等方面的区域金融安全指标体系，并将内在关键性指标作为区域金融安全衡量体系的基础指标，将外在影响性指标作为补充指标，从而构造了区域金融安全计量经济模型。限于指标数据可得性，仅对苏州地区2003年和2004年的金融安全状况进行了测度和评价。

陈守东等（2006）综合运用因子分析法、Logit模型、ARIMA模型等方法定量研究了我国的金融风险状况。研究结果表明，我国的宏观经济和金融市场波动是导致金融风险提升的重要因素，并且预测了2006年发生金融危机的概率很小。

万晓莉（2008）构建了金融脆弱性指数，综合评估我国1987—2006年的季度金融系统脆弱性，并搜寻了主要风险来源。采用五个指标表征流动性风险、信贷风险和市场风险，具体指标包括中央银行对其他银行机构贷款/国内信贷量、M2/储蓄存款、国内贷款/储蓄存款、真实信贷增长率、银行机构真实外债增长率。研究表明，流动性风险是我国金融系统脆弱性的主要来源，同时信贷风险和市场风险有提升之势。

文洪武（2011）基于系统方程模型构建了金融稳定指数，以河北省为例，衡量区域金融稳定状况。采用每个因变量的实际观测值与其均衡状态的相对差距来衡量单个指标的稳定性，随后加权得到金融稳定综合指数。

方兆本、朱俊鹏（2012）构建了金融稳定综合度量指标来测度中国金融系统的稳定水平，该指标体系涵盖了金融系统的发展、脆弱性、稳健性和世界经济形势等方面的信息。度量指标建立基于主要宏观经济指标的计量模型，模型结果显示度量指标对关键宏观经济指标有较高敏感性。此外，基于计量模型结果，使用蒙特卡洛随机模拟的方法对度量指标进行了预测。研究结果显示，中国金融稳定水平多年来稳中有升。

金融稳定指标构建的国内研究大多选取大量的指标，而在测度方法上也选用对数据频度要求较低的方法。国外在对金融稳定测度方法的创建上有更大的贡献。

萨克斯等（Sachs et al.，1996）构建了 STV 横截面回归模型，对 20 个新兴市场国家进行了金融风险的预警研究。研究表明，贷款增长率、实际汇率、国际储备与广义货币供给之比等指标能够提供一国或地区发生金融危机的有效预警信息。

弗兰克尔和罗斯（Frankel and Rose，1996）采用单位概率模型建立了 FR 预测评估模型，对 105 个发展中国家进行了金融稳定预警研究。该模型对引发金融危机的各种金融事件进行了定义，并衡量了金融危机发生的可能性。

卡明斯基等（Kaminsky et al.，1998）创建了 KLR 信号分析模型来预测货币危机。首先通过文献分析货币危机发生的原因，其次经由数据统计分析确定货币危机的先行指标，并计算出相应阈值。当某经济体中相应指标的变动超过了阈值，则表明 24 个月之内有可能爆发货币危机，但该模型只能预测某个国家未来 24 个月内发生危机的可能性。

伯南克等（Bernanke et al.，1999）提出了基于信贷市场不完备假设的金融加速器模型，该模型将信贷市场的局部均衡模型置于凯恩斯理论的研究框架中，实际为一个动态随机一般均衡模型。该模型认为，金融周期性波动的原因在于金融市场上的逆向选择和道德风险问题，而这些又是金融运行过程中产生的各种委托代理关系和信息不对称问题所导致。金融冲击会通过银行的信贷渠道或资产负债表渠道等被逐步放大，影响银行和企业的资产负债水平或融资杠杆率，从而加剧金融波动。

Brunnermeier（2009）指出，金融机构密切的联系或者说网络机制导致金融冲击被放大，金融网络会将抵押贷款市场的波动迅速扩散到整个金融市场，从而导致金融功能受阻，金融效率严重下降，经济走向衰退。导致金融不稳定因素传染的另一个重要原因是金融体系中普遍存在的信息不对称或不完全。

Zheng 等（2009）利用多维指标和相应的多维分析构建了金融预警系统。多维指标包括货币周期、信贷周期和利率周期。多维分析包括空间分析和多维影响点的概率分析。空间分析包括变量值和角度的变化，介绍了如何确定门槛值，从而用红绿灯体系进行预警。

Borio 和 Drehmann（2009）认为，测量方法的模糊导致难以开发一个令人满意的运行框架以促进金融稳定。金融稳定和不稳定相对应，与金融危机是两个不同的概念。通过对各种衡量方法进行了评述，包括资产负债表、评级、市场价格、预警指标、VAR、宏观压力测试，从而得出一个有效的运行框架需满足以下特征：宏观审慎而非微观审慎的；给予金融机构不同权重；截面考虑系统风险；时序考虑顺周期性；多考虑自动稳定器的作用。在此基础上，改善风险测量技术，加强审慎体系结构，构建相应的支持制度。

对金融稳定进行测度必须构建相应的指标和采用相应的测度方法，但两者的选择相互影响。指标体系构建得越完善、越复杂，能够获得的数据则越有限，则无法采用对数据频度要求较高的测度方法。因此，在测度金融稳定时，指标和测度方法的选择必须相适宜。

三 其他金融稳定相关研究

（一）金融发展与金融稳定

金融稳定问题研究离不开金融发展的框架，而关于金融发展问题的研究可以追溯到戈德史密斯，其在《金融结构与金融发展》一书中把金融结构定义为"各种金融工具和金融机构的相对规模"，而金融发展就是"金融结构的变化"。随后，学者基于戈德史密斯所创建的框架展开进一步研究，研究焦点从集中于金融发展本身到金融发展与经济增长之间的关系。这些研究逐步推动了金融深化论和金融功能论的建立。

自金融深化论起，有关金融发展对经济增长影响的探讨逐渐成为研究热点。随着金融改革的逐步推进，近年来我国金融发展和经济增长的研究同样日益活跃。韩廷春（2001）认为，发育良好的金融体系有助于提高储蓄水平，提高储蓄向投资的转化效率，由此提高生产效率并促进经济增长。实证研究表明，中国的经济增长很大程度上依赖技术进步与制度创新，金融改革不能单纯追求规模和数量的扩张，而应重视金融体系的效率和发展质量，保障金融与经济发展的协调性和适应性。陈伟国、张红伟（2008）基于金融抑制论和金融结构论，采用 VAR 因果关系检验和方差分解等计量方法，探讨我国金融发展与经济增长之间的关联性。研究表明，我国金融发展对经济增长存在单向影响，属于需求追随型，而以银行为主导的金融结构对经济增长具有较强的影响，体现了金融结构论在我国的解释力相对较强。马正兵（2008）采用路径分析方法研究中国金融发展如何影响经济增长。研究表明，自改革开放后，中国的金融发展对资本形成、技术创新、第三产业产值增加具有直接效应，并借助资本积累和技术创新等路径作用于产业增长、结构调整和整体经济增长。其中，技术创新是金融发展作用于经济增长的众多路径中的核心机制。与此同时，经济增长对金融发展具有直接的正向效应。赵小克、李惠蓉（2013）根据1978—2011 年的数据，建立 VAR 模型，采用协整检验、Granger 检验、脉冲响应和方差分解等方法对中国金融发展与经济增长的相互关系进行了再检验。结果表明，金融发展规模的扩大在长期内能够有效推动经济增长，但金融发展效率却在长期内与经济增长水平呈负相关。

有关金融发展和经济增长的研究还发展到行业层面。拉简和津盖尔斯（Rajan and Zingales，1998，1999）认为，金融发展对经济增长具有正向促进作用，采用行业融资依赖数据，研究了金融发展对各个行业发展的作用，表明这种作用受到行业融资依赖程度的影响。王良健、钟春平（2001）采用投入产出分析方法研究了金融发展、产业结构调整和区域经济发展的内在联系。研究表明，区域经济发展有赖于产业结构的调整和不断优化。金融发展有利于产业结构调整，而金融发展水平不足会抑制产业结构的优化。谈儒勇、丁桂菊（2007）基于我国各地制造业中不同行业的年度相关数据，通过在模型中同时引入两个乘积项进行回归。结果显示，金融发展对于行业增长的效应会随行业外部融资依赖度与增长机会的不同而不同，说明外部融资依赖度并不仅仅是对增长机会的反映。贵斌威等（2013）基于已有研究，构建了地区金融发展指标体系，并采用中国各省的面板数据，探讨了金融发展对制造业发展的影响。研究表明，金融发展对行业发展的正向促进作用随着融资依赖程度的提高而提高，随着国有经济比重的提高而降低。

（二）金融自由化与金融稳定

发展中国家在金融深化理论的指导下，快速步入金融自由化进程，带来了短期的经济繁荣。然而，当内部金融风险因素激增，外部金融冲击突然出现时，实行金融自由化的经济体都难免受到剧烈的打击。这引发了经济学者对金融自由化和金融稳定问题的探讨。因此，在世界范围内伴随金融自由化产生的金融危机的频繁爆发直接引起了对金融稳定问题的研究。

Wade 和 Veneroso（1998）描述分析了亚洲金融危机的发生、原因及影响等。他们指出亚洲高负债的危险性，以及国际货币基金组织所提解决方案存在问题，他们认为应当限制资本流动，区别对待贸易自由化和资本自由化。斯蒂格利茨（Stiglitz，2000）简述了对资本市场自由化的支持理由及其相应弱点，认为东亚、拉美等地的金融危机源于资本市场快速自由化，而中国、印度的幸免正是由于自由化程度较低。支持资本市场自由化的理由是自由化能够改善竞争环境，提高多样性，扩充融资渠道等。然而，资本市场自由化不但没有带来经济增长，反而导致不稳定。因此，应当干预短期资本流动，具体措施包括限制流入与流出、加强银行体系监管等。Weller（2001）分析了 27 个新兴国家 1973—1998 年的经济和金融相关数据，发现这些国家的金融自由化改革导致自身更容易爆发货币危机和银行危机。根据他的实证检验，一国开始金融自由化改革后，短期内吸引大量国际资本流入，导致汇率高估，从而大幅提升潜在金融风险。而国际游资的突然撤出将对一国经济造成更为严重的负面影响。Mulder（2003）研究了经济增长如何受到资本账户开放的影响，特别是外商直接投资的影响。笔者认为，资本账户的开放是否会导致宏观经济的剧烈波动与一国的金融发展程度密切相关，金融发展程度的提高有利于降低资本账户开放的负面影响。Bordo 等（2009）以 45 个国家 1880—1913 年、1973—2003 年的数据为样本，研究了外币债务对货币和债务危机的影响，以及其对短期和长期经济增长的影响。研究表明，外币债务比重越高，产生货币和债务危机的风险越大，且其关联强度取决于一国的储备基础和政策可信度。由外币债务引发的金融危机将削弱一国的长期经济增长能力。Obstfeld（2009）用文献综述的方式分析评论了金融一体化趋势对发展中国家的影响，具体包括金融开放、危机机制和金融自由化的影响。作者认为，金融开放对发展中国家有益处，而国内制度改革、保障经济增长和稳定是发挥金融功能的必要途径。

（三）金融适度性与金融稳定

金融自由化对金融稳定会产生负面影响，特别是对于金融发展程度较低的国家。这意味着金融发展必须具备适度性。有关金融发展的适度性或协调性研究相对较少。金融发展的适度性可以表现为金融体系内部的适度性以及金融体系与经济体系之间的协调发展两个层面。在金融体系内部适度性层面，钟伟、王浣尘（2005）采用模糊数学理论，研究了我国金融发展的内部协调性和适度性。基于对金融体系在规模、结构和效率三个方面协调性状态和程度的考察，作者认为，我国金融的协调性程度不高，主要受制于金融效率水平的相对低下。Yao 和 Yueh（2009）分析了中国经济快速增长伴随着法律和金融制度的不完善的现象，为发展中国家早期的发展提供借鉴，介绍了中国的金融发展和金融抑制现象等。潘海英等（2013）以长三角区域农村金融数据为样本，同样对金融体系的内部适度性，即金融发展规模、结构、效率三者的协调程度进行了研究。结果显示，近十年来，长三角区域农村金融发展各子系统的协调性得到了较为明显的改善。其中，效率和结构的不协调程度相对较高。

在金融体系与经济体系两者协调发展层面，林毅夫、李永军（2001）研究我国中小企业融资难的问题，认为金融结构的不合理是导致该问题产生的重要原因。研究结论指出，大型金融机构无法促进中小企业的发展，而中小金融机构的大力发展才是解决中小企业融资困境的根本途径。林毅夫、章奇、刘明兴（2003）基于全球制造业的数据，探讨了金融结构对产业结构和经济增长的作用，认为金融结构必须与产业规模和结构相适应。制造业的增长有赖于金融结构与制造业规模和结构的相互匹配，即一个以大企业为主的经济对应于一个市场型金融结构或对应于银行集中度较高的金融结构。牛凯龙、马君潞、范小云（2010）从历史发展、系统论的耦合原理和制度安排的动态一致性角度进行研究，认为改革开放前 20 年的转轨时期，我国的金融体系发展是有效的，为中国的经济发展、市场化改革以及工业化做出了重要的贡献，体现了一种稳定与效率的均衡。张金清、陈卉（2013）以新兴经济国家的数据为参考，研究了我国金融发展的适度性，认为金融发展规模应当和经济增长规模保持在一个适当的水平区间，过高或过低都不利于经济增长，只有在适度区间范围内，金融的融资功能才能得到有效发挥，金融发展才能促进经济增长。

第三节　研究内容与重点

一　研究思路与研究重点

本书的研究目的在于明确中国金融稳定的实际状态。为达成此目的，本书基于对金融稳定内涵的解读，结合中国金融改革实践，构建中国金融发展的指标体系，为金融稳定的综合评价奠定基础。笔者认为，金融稳定意味着金融发展与经济增长的关联性保持正常状态，包含三个层面的内容：一是金融发展与经济增长的相对波动平稳；二是金融发展对经济增长产生正向促进作用；三是金融系统与经济系统相互促进、协调发展。三个层次分别对应着微观、宏观、系统角度的理论。相应地，本书从三个方面对金融稳定进行测度和评价：基于微观比较机制的金融稳定测评，基于宏观影响机制的金融稳定测评，基于系统互促机制的金融稳定测评。在三个方面的理论和实证研究之后，再与既有研究结论相对比，对中国的金融稳定状态进行综合评价，并提出相应的对策建议。

基于本书的研究目的和研究思路，本书包括如下几个研究重点：

第一，对金融发展和经济增长水平进行测度。本书的实证研究对象为金融发展和经济增长，对两者的测度是研究的基础。本书将从对金融稳定内涵的解析、对中国金融改革实践的回顾来选取指标和数据，采用综合指数的方式进行评价。

第二，从微观角度研究金融发展和经济增长的关联性。本书将对金融不稳定机制进行解析，从金融发展和经济增长的微观机制出发，借助金融发展和经济增长的宏观变量和两者的相对波动来探讨金融发展和经济增长的关联性。

第三，从宏观角度研究金融发展和经济增长的关联性。历来对金融发展的经济增长效应研究颇多，普通的回归模型对分析金融稳定的局限性较大，本书将侧重于金融发展的结构性转变，构建变参数模型，通过金融功能发挥程度的转变来考察金融稳定状态的演进。

第四，从系统角度研究金融发展和经济增长的关联性。对金融发展的适度性研究尚处于初步阶段，本书采用协调发展理论对该问题做出分析，判断金融稳定态势。

上述四个研究重点正是本书的实证分析内容，除此以外，对我国金融体系发展历程的梳理和对今后的金融稳定政策提供建议也是研究的重要内容。

二 逻辑框架与技术路线

本书在梳理相应理论、构建理论模型的基础上，拟采用多种实证分析方法进行研究。具体研究步骤及相应研究方法如下：

第一，构建金融发展和经济增长指数。（1）通过理论概念辨识，结合中国金融现状的描述，构建多层次金融发展指标体系。（2）综合主观赋权法和客观赋权法对指标进行赋权。（3）对各指标加权求和得出各层次基础指数。

第二，基于微观比较机制测度金融稳定。（1）深入解析明斯基的金融不稳定假说，从微观层面探讨金融稳定机制。（2）以金融发展和经济增长两个宏观变量解释金融和经济的相对波动联系。（3）采用所构建的模型检验我国的金融状况是否稳定，并做出近期预测。

第三，基于宏观影响机制测度金融稳定。（1）构建基础模型初步判断金融发展对经济增长的影响。（2）采用突变点检验，在基础模型上加入虚拟变量，构建虚拟变量模型，判断突变点前后金融稳定状况的变化。（3）采用状态空间模型动态研究不同时间点金融功能的发挥和金融稳定的态势演进。

第四，基于系统互促机制测度金融稳定。（1）解析协调度、发展度和协调发展度的内在含义。（2）构建金融与经济的协调发展模型，测算金融与经济的协调发展程度，从其发展趋势判断中国金融稳定的状态。

本书研究的逻辑框架与技术路线如图1-1所示。

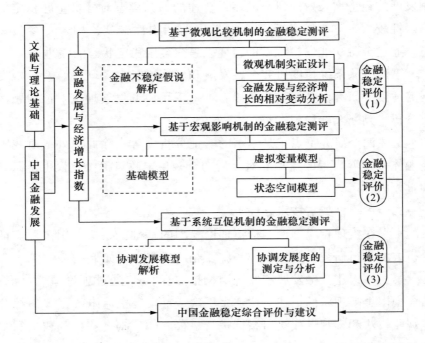

图 1-1　全书逻辑框架与技术路线

第四节　创新与不足之处

基于对已有文献的研究和考察，本书可能存在如下创新之处：

第一，将金融稳定界定为金融发展和经济增长的关联性保持正常状态，从该层面上来说，中国自1999年起金融稳定状态良好，但未来存在较大风险。

　　第二，对明斯基的金融不稳定假说进行理论解析，表明支付承诺、金融风险、预期收益和实际收益之间的内在关系，并对金融不稳定假说是否在我国成立进行了实证研究。结果表明，我国金融风险水平波动未呈现金融不稳定假说的不断累积之势。

　　第三，将金融发展和经济增长视为两个相互交织的系统，采用耦合模型初步探讨金融的适度性问题。研究表明，我国金融发展与经济增长综合发展水平持续提升，但协调程度有所恶化，阻碍了两者实现"高协调—高发展"的耦合态势。

　　同时，本书也存在不足之处，主要包括如下几个方面：

　　第一，金融发展指标体系的构建。现有研究构建的指标体系涵盖指标数目众多，但因数据可得性往往无法付诸实证。此外，中国尚未发生过真正意义上的金融危机，无法通过事件法等筛选指标。因此，构建与中国金融改革和经济现实相适应的、具有较强可行性的指标体系是本书的关键和难点，本书所构建的指标体系和指标计算可能存在一定的不足。

　　第二，因数据和研究方法所限，本书的研究局限于中国，并未考虑国际因素对我国金融稳定的影响。开放条件下对中国金融稳定的研究将更富有现实意义，这也是本书进一步研究的方向。

　　第三，金融稳定综合评价后的对策建议。本书对金融稳定的综合测度基于相应的指标体系，因数据可得性必然忽略现行金融发展中的重要内容，在对金融稳定进行评价时，未能考虑其他影响金融发展和稳定的状况，因此所做出的对策建议存在一定的局限性。

第二章　理论基础与研究机理

第一节　金融发展与经济增长
关联性相关理论

金融稳定问题研究离不开对金融发展问题的研究，两者息息相关，后者可视作前者的研究背景或一个侧面。亚当·斯密的《国富论》掀起了对经济增长问题的研究热潮，而一百多年后，哈罗德—多马模型以及索洛模型的创建才真正地推动了经济增长理论的发展。经济增长理论强调了物质资本投资对经济增长的重要作用，认为资本积累是推动经济增长的关键因素。自《金融结构与金融发展》一书面世起，金融发展问题逐步进入社会各界的研究视野。金融发展与经济增长关联性的相关理论主要包括金融结构论、金融抑制论和金融功能论。

一　金融结构论

1969 年，美籍比利时经济学家戈德史密斯（Raymond W. Gold-smith）发表了《金融结构与金融发展》一书，开创性地描述和分析了金融发展的过程，由此奠定了他在金融结构理论研究中的重要地位。

戈德史密斯认为，金融机构和金融工具是金融体系中的重要组成部分，而融合金融机构和金融工具的金融结构可用于有效刻画金融现象。金融结构指的是金融机构和金融工具的相对规模，存在较大的地区差异，并且随时间的推移而不断变动。各国同一时期或一国不同时期内，金融机构和金融工具的相对增长速度、在实体经济中的渗透程度以及对经济机构变化的适应程度各不相同。金融发展的差异通常表现在金融交易的规模、国民收入的数量、金融结构的质量等方面。戈德史密斯认为，金融结构的不断演进标志着金融发展水平的不断更新。因此，要评价各国同一时期或一国不同时期所处的金融发展阶段，只需对金融结构展开研究分析。

基于上述分析逻辑，戈德史密斯构建了八个指标来衡量金融结构。其中最重要且最著名的一个是金融相关比率（Financial Interrelations Ratio，FIR），即全部金融资产价值与全部实物资产价值的比值。此外，还研究了金融机构与非金融机构的资产相对比例，金融资产总额在各个组成部分的分布，非金融部门内外部融资的规模以及各金融机构之间的相关程度等。根据 FIR 高低及其他相关特征，戈德史密斯将金融结构分成三种类型：第一类，FIR 较低，债权融资额显著高于股权融资额，金融机构以商业银行为主导的特点，并且只在全部金融资产中占据较低的比重。第二类，FIR 仍然较低，债权融资额也仍然大于股权融资额，但商业银行的主导地位有所下降，政府金融机构逐渐参与金融业务。第三类，FIR 较高，股权融资的比重大幅上升，金融机构呈现多样化发展态势。戈德史密斯认为，不同经济体的金融发展都将伴随金融结构的不断演进，从第一类向第三类变动。最初的金融发展通常以银行体系的发展为标志。随着经济发展水平的提高，银行体系在金融体系中的比重逐渐降低，同时诸如保险公司、投资公司等的新型金融机构的比重相应上升。尽管不同国家处于不同的金融发展阶段，但它们在正常情况下（不经历战争等）都会见证金融结构的规律性变化。

戈德史密斯将研究聚焦于金融结构和金融发展，并未考虑金融风险或金融稳定问题。事实上，金融结构如果按照上述规律不断发展，必然导致金融风险的逐步上升。因此，金融稳定理论的构建无法脱离对金融结构和金融发展问题的研究。

二　金融抑制论

经济增长向来是各国的核心关注点，金融发展问题的研究焦点也自然地从集中于金融发展本身向金融发展与经济增长之间的关系转变。1973 年，麦金农（Ronald I. Mckinnon）与肖（Edward S. Shaw）分别发表了《经济发展中的货币与资本》与《经济发展中的金融深化》两本书，从而成为研究金融发展和经济增长关系的代表性人物，而金融抑制论或金融深化论则由此兴起。

金融发展理论初步解释了金融发展对经济增长的作用机制，然而其学说的关注重点在于金融体系中的数量因素，另外，金融体系的价格因素在金融发展和经济增长的关联机制研究中被忽视。麦金农和肖着重对发展中国家的经济发展问题进行了探讨，他们认为，金融发展水平不足是这些国家经济增长绩效欠佳的一个重要原因，即存在金融抑制现象。麦金农和肖指出，发展中国家的市场是低效的。在发展中国家的计划经济体制中，政府部门对市场的指导和监管作用被过分放大，市场化机制无法得到体现，致使市场资源配置的能力存在缺失，在这种不完全的市场中，商品的价格和资本的收益都无法准确反映市场中的供求情况。

麦金农和肖着重对发展中国家的经济发展问题进行了探讨，他们认为金融发展水平不足是这些国家经济增长绩效欠佳的一个重要原因，即存在金融抑制现象。金融抑制主要来源于发展中国家的政府对利率设置界限、对信贷进行配置等现象，这种政府对金融领域的严格管制极大地降低了金融资源的利用效率，阻碍了金融对经济增长支撑作用的发挥。因此，他们认为，发展中国家应当通过金融深化过程来改善金融发展，以此促进经济增长。金融深化的实质是减少政府对金融领域的控制，推动金融自由化发展，通过金融的市场化改革来提高金融资源的利用和配置效率，进而提高发展中国家的经济发展水平。

金融抑制理论和金融深化理论的提出促使世界各地掀起了一轮金融自由化热潮，推动金融运行模式从政府管制向市场自由决定转变。20 世纪 80 年代，世界经济经历了"二战"后的繁荣发展期，遭遇了发展"瓶颈"。发达国家经济增长缓慢，无力拉动世界需求，发展中国家整体则陷入了低迷的发展阶段。伴随着新自由主义思潮和"华盛顿共识"的兴起，金融自由化改革在发达国家和发展中国家如火如荼地展开了。

然而，金融自由化过程潜藏着巨大的金融风险。随着金融自由化改革的加速和范围的不断扩大，世界各国金融联系不断增强，世界经济在复苏的同时，其波动性日益加大，金融危机频发。金融自由化改革源自对金融发展能够有效促进经济增长水平的认知，而事实上各国金融风险的加剧和金融危机的爆发引发社会各界对金融自由化改革的担忧。从负面效应来看，金融自由化改革加速了金融风险的外显，破坏了金融稳定状态。世界银行统计资料显示，20 世纪 70 年代至 21 世纪初，全球范围内有 46 个国家或地区发生了 51 次局部金融危机，并有 93 个国家或地区先后爆发了 112 次系统性金融危机。[①] 历次危机都对当地的经济增长造成了恶劣影响，导致了经济衰退。因此，金融稳定问题越发受到世界各国的重视。

三　金融功能论

自戈德史密斯对金融发展的研究开始，研究金融发展问题的学者通常认为金融体系包含金融主体、金融中介以及相配套的金融法律和规章制度等，而金融机构和监管部门负责保障金融结构的稳定性。当金融体系运转失灵，如商业银行不良资产累积或资本市场风险较高时，上述金融体系框架是解决问题的基础。但值得注意的是，随着经济环境的变化或相关金融技术的快速提升，金融结构会不断演进，金融中介和非中介的比例也会不断变化。然而，金融相关的法律和法规的变化通常相对滞后，那么就很可能阻碍金融结构的变化或者导致整个金融体系的运行缺乏效率。

1993 年，美国著名经济金融学家默顿（R. Merton）和博迪（Z. Bodie）提出了金融功能理论，即基于功能观点的金融体系改革理论。该理论是相对于传统的基于结构观点的理论而言的。默顿和博迪的研究以两个基本假设为基础：假设一，相对于金融机构而言，金融功能更加稳定，即金融功能随外界环境变化而产生变化的速度较慢且幅度较小；假设二，金融功能优于组织机构，即相对于组织机构而

---

① 朱俊鹏：《金融稳定的度量及分析》，博士学位论文，中国科学技术大学，2013 年。

言，金融功能正常发挥对于金融体系的变革更为重要。因此，他们认为对金融问题的研究应该首先确定金融体系具备哪些金融功能，而这些金融功能又如何对经济增长产生影响。

根据金融功能理论的研究，金融体系通常执行六种主要功能，分别是：第一，清算和支付结算；第二，聚集与分配资源；第三，管理风险；第四，在不同的时空之间转移资源；第五，提供信息；第六，解决激励问题。其中，第一种、第二种、第三种金融功能是核心功能。这六种金融功能之间相互交叉、相互作用，而非彼此独立。任何一个金融机构都执行其中一种、两种或几种金融功能。

鉴于金融功能相对于金融结构而言具有更高的稳定性，金融功能理论的相关支持者认为，通过研究金融功能的发挥及发挥程度来考察金融体系的效率和稳定性，对金融体系的改革提出对策建议更加具有可行性。只有当一个金融体系能够正常发挥其金融功能，能够采用各种金融工具来进行金融资源的市场配置，则该金融体系才是有效率的、稳定的，才能够提高投资和融资的效率，提高资本的边际生产率和全要素生产率，从而推动经济增长和社会福利水平的提升。

第二节　金融稳定相关理论

一　货币金融理论

有关金融稳定或金融脆弱性的探讨可以追溯到马克思早期的关于货币金融理论的阐述。基于其对商品与货币的联系的说明，探讨了货币与金融危机的起因与内涵，从而发现并指出了资本主义经济体系中所蕴含的脆弱性。

马克思提出了著名的劳动价值理论，而该理论的形成过程也意味着货币理论的诞生。马克思认为货币的起源来自商品内在矛盾和内在矛盾的外化。具体而言，商品的内在矛盾包括价值与使用价值的矛盾、具体劳动与抽象劳动的矛盾、社会劳动与私人劳动的矛盾等。商品内部矛盾的外化导致了商品的自然形式和价值形式的矛盾。这些矛盾的转化催生了商品交换的逐步产生，而在商品交换产生的过程中，一般等价物开始出现。历经长时间的社会选择，金银以一般等价物形式受人瞩目，货币也随之出现。货币的出现，将商品分成两大类：一类是普通商品，它们具备一定的使用价值，只有经过与其他商品的交换才能获得价值；另一类是货币，是交换价值的代表物。然而，货币的出现并没有解决商品经济的原有矛盾，而是将使用价值和价值的矛盾转换成了商品与货币的矛盾。在货币进入商品经济领域后，只有通过出售获得等值货币，普通商品才能表现出其自身价值，实现"惊险的跳跃"。当商品交换不能顺利完成时，商品生产将会受到不利影响。

与此同时，商品经济的矛盾随着货币支付手段职能的展开而进一步加深，具体体现为债务债权关系的确立。当债务人不能如期偿还债权人的借款，债权人的利益就会受损，存在破产的危险。随着商品经济的快速发展，某一债权人的破产可能导致其他债权债务不能按时处置，导致更多债权人因没有收回借款而破产。只要存在支付违约行为，这种债务偿还困境就有可能蔓延，导致连锁反应。这时，商品为了实现其价值，就需要以低于其使用价值的价格出售，这对于商品生产者来说将造成巨大的打击。商品市场和货币体系同时承受着剧烈的冲击，最终将导致经济发生反常波动，金融危机爆发。

因此，马克思的分析表明了货币具有其内在的脆弱性。在商品经济中，货币的这种脆弱性可从三个方面来理解：第一，商品价格偏离了商品的内在价值；第二，货币购买力随时间变化而波动；第三，未按期偿还债务导致债权债务关系的恶化。马克思认为，在资本主义经济中，资本的积累最终会导致金融危机的发生，而其关于货币金融脆弱性的分析旨在揭示资本主义经济内在的局限性。

二 债务通货紧缩理论

货币主义者费雪（Irving Fisher）创建了债务—通货紧缩理论，对金融脆弱性展开研究和解析。1932 年，费雪在《繁荣与萧条》（Fisher，1932）一书中首次提出该理论，认为 1929 年通货紧缩和经济萧条的最主要原因可以归结为企业债务的过度增长。基于上述研究，费雪（Fisher，1933）系统阐述了过度负债和通货紧缩的关系。

费雪研究认为，过度负债和通货紧缩可以有效地解释经济萧条问题。同时，其他有关变量，如利润、流通货币、货币流通速度、资产净值、商业信心等，一般会通过与过度负债和（或）通货紧缩相互联系，才会在很大程度上导致经济萧条的发生。费雪的研究基于两个假设：假设一，处于均衡的经济体系受到过度负债的冲击；假设二，价格水平不受其他因素的影响。当经济在某个时点处于过度负债的状态，债务人的债务清偿会引发连锁反应：为清偿债务，债务人廉价出售资产，同时存款货币下降，导致价格水平突然下滑；而企业资产净值的持续下跌将大幅减少企业利润，从而导致企业减少劳动投入，降低产出水平，甚至破产；企业的大规模亏损和失业导致人们对经济的信心丧失，导致经济陷入一种恶性循环。

在费雪看来，过度负债最主要的原因是存在获取超额利润的投资机会，例如新发明、新产业、新资源的出现等。外部因素导致的新的良好投资机会推动了经济发展，价格及利润上升促进了投资和投机。储蓄和贷款增加，价格水平进一步上升。企业为了获取更多利润，便会依靠债务融资维持生存，导致过度负债逐步产生。过多的债务则导致企业破产和产品倾销，而价格变动引发了经济波动。当价格水平下降、货币升值速度超过名义债务偿还速度的情况产生时，债务清偿反而导致尚未偿还的名义债务的规模加大。这样，经济形势不但不会好转反而将持续恶化。因此，当过度负债产生时，要么通过政策的支持（如政府控制货币数量来稳定价格）维持经济运转，要么加速破产消除过度负债，防范经济陷入债务—通货紧缩的恶性循环。

三 金融不稳定假说

1977 年，明斯基正式提出了金融不稳定假说，成为"金融不稳定论"的创始人。依靠逻辑严谨的研究体系，金融不稳定假说对金融危机的爆发做出了极富解释力的分析，正是因为如此，人们把以资产价格崩溃为特征的金融危机爆发称为明斯基时刻（Minsky Moment），而金融不稳定理论也得到了越来越多人的认可。

明斯基（1992）认为，经济并不总是遵循斯密和瓦尔拉斯的一般均衡理论，金融不稳定是内生存在的。明斯基认为，金融不稳定主要来源于为投资进行的融资，按照收入—债务关系，融资方式可分为三类：第一是对冲型融资，即债务人未来所获得的收益能够偿还利息和本金；第二是投机型融资，即债务人未来所获得的收益只能偿还利息，而无法支付本金；第三是庞氏型融资，即债务人未来所获得的收益不仅不能偿还本金，连利息也无法偿还，只有通过出售资产或再融资来履行支付承诺。在三种融资类型中，对冲型融资是最安全的，庞氏型融资是风险最高的。明斯基认为，实际经济金融活动中，融资类型会由第一种向第三种逐渐变化，金融风险则从低到高不断积累。同时，后两种融资的实现要求融资环境相对宽松且资产价格呈上涨趋势，一旦这种形势改变，则资产价格的迅速下跌会造成雪崩似的金融动荡，从而导致金融危机的产生。

金融不稳定假说认为，经济高度依赖负债导致了内生性金融不稳定。金融体系的过去、现在、未来由融资关系和支付承诺联系，而支付承诺的实现取决于实际收益与预期收益。金融机构的复杂性会导致中间环节增多。此外，投资是金融与经济之间的纽带，实际收益取决于投资，预期收益取决于未来投资水平。由于经济扩张过程中投机型和庞氏型融资类型比例的上升，所以，金融脆弱性是天然的、内生的。明斯基认为，稳定无法成为目的地，而只能是通向下一次不稳定。

在这种形势下，明斯基认为构建大政府是对抗金融不稳定的重要途径，这一点似乎与凯恩斯的观点不谋而合。事实上，明斯基对金融不稳定假说的创建来源于从凯恩斯理论中得到的启发。明斯基的贡献就是在凯恩斯投资周期理论的基础上发展出了投资融资理论，这正是他早期著作《凯恩斯通论新释》的主要观点。明斯基的大政府政策认为微调是不可能的，福利事业容易产生通货膨胀，而且会导致制度化的失业，因此需要依靠消费、就业以及运用制度和监管来抑制不稳定性。

第三节　研究机理

一　金融稳定概念界定

已有文献表明，金融稳定目前在国内外都缺乏一致的严格的定义。但可以确定的几点是：第一，金融稳定涉及的范围较广，包括金融机构、金融市场等主体；第二，金融稳定最基本的内涵是保障金融功能的运转，并能抵御冲击；第三，金融稳定是动态、相对的概念，平稳波动是良好的趋势；第四，金融稳定要求金融与经济协调发展。同时，根据对金融相关理论的研究，笔者认为，金融稳定的提出来源于对金融发展问题的研究，对金融发展和经济增长问题的探讨，而对金融稳定的直接分析同样离不开对金融发展和经济增长关系的说明和解析。因此，本书从金融发展和经济增长的关联性角度来界定金融稳定，由此展开对金融稳定的研究。

具体而言，金融稳定意味着金融发展和经济增长的相互关联保持正常状态。这种正常状态可从三个层次加以理解：第一，从微观层面看，基于实际收益和预期收益的相对比较，经济主体能够履行其支付承诺。第二，从宏观层面看，金融功能得到有效发挥，即金融发展对经济增长产生正向促进作用，而不形成"金融抑制"的情形。第三，从系统层面看，金融发展和经济增长作为两个相互交织的系统，相互促进互为因果。

从金融发展和经济增长的关联性方面来描述和研究金融稳定，不仅能够有针对性、有层次性地对金融稳定状态作出评价，同时更有助于深入解析金融发展与经济增长之间的互动关系。

二　金融稳定研究机理

当金融发展和经济增长的相互关联保持正常状态时，可以视作金融稳定。如前文所述，可从微观、宏观和系统三个层次进行深入解读，如表2-1所示。基于此，本书后续对金融稳定的测度和评价也将从三个层次展开。首先，基于微观层面，比较金融发展和经济增长的相对变动趋势，即计算金融发展和经济增长变量的相对变动值；其次，基于宏观层面，测度金融发展对经济增长的影响方向和程度，即构建经济增长关于金融发展变量的回归模型，求解并观察相应的参数值的正负及大小；最后，基于系统层面，构建经济增长和金融发展的协调发展度，判断两者是否互促。相应的简化公式见表2-1。

表2-1　　　　　　　　　　金融稳定研究机理

	金融稳定的内涵	金融稳定的测度思路及简化公式	
微观	经济主体能够履行其支付承诺	比较金融发展和经济增长的相对变动趋势①	$\Delta FD/\Delta EG$ 路径①（比较）
宏观	金融发展对经济增长产生正向促进作用	测度金融发展对经济增长的影响方向和程度	$EG = f (FD)$ 路径②（单向）
系统	金融与经济相互促进互为因果	构建经济增长和金融发展的协调发展度	$D (FD, EG)$ 路径③（双向）

　　更进一步地，本书绘制了金融稳定实证研究的逻辑思路图（见图2-1），展示了如何通过研究金融发展和经济增长的关联性来评价金融稳定。需要说明的是，基于微观、宏观、系统角度的实证研究都离不开金融发展和经济增长两个变量，本书将在第四章构建中国的金融发展和经济增长指数，以代表金融发展和经济增长水平。随后第五章、第六章、第七章的实证思路分别与图2-1中的三条路径①、②、③相互对应。

　　路径①表明将金融发展和经济发展视为平行的两个变量，研究两者的相对变动关系，而不考虑两者可能存在的内在作用。路径②表明从金融功能的角度出发，研究金融发展对经济增长的作用。路径③表明金融发展和经济增长存在相互作用的耦合机制，对两者的协调发展水平进行研究。后文在对中国金融体系和金融稳定相关方面的发展历

---

　　① 对金融稳定微观层面的理解侧重于支付承诺的实现，而支付承诺源自实际收益是否能够弥补预期收益，本书认为经济增长和金融发展可以分别代表实际收益和预期收益。

程进行回顾之后，构建金融发展和经济增长指数，随后则按照图 1 – 1 的思路对金融稳定通过实证研究进行测评，从而对我国近年来的金融稳定状态进行评价，并提出相应的对策建议。

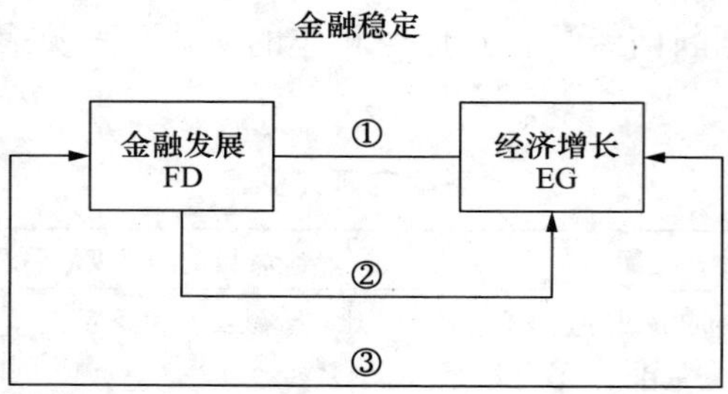

金融稳定

图 2 – 1　金融稳定实证研究逻辑思路

第三章　中国金融体系的发展历程

　　新中国成立后，源于后发优势、结构调整以及高储蓄率意愿的支撑，经济得以持续增长，特别是自改革开放以来，中国的经济面貌发生了翻天覆地的变化，中国也创造了令世界瞩目的增长奇迹。

　　以中国的国内生产总值（GDP）来看，1978年该值仅为3650亿元；1993年达到35万亿元，15年间增加到1978年的约10倍；2010年该值超过40万亿元，是1993年的10倍；到2013年该值接近60万亿元，达到了1978年的160多倍。改革开放后的30多年，中国的经济规模几乎以几何级数增长，这不能不说是经济增长的奇迹。当然，国内生产总值的变动还需考虑价格因素的影响，因此，可剔除价格因素进一步来观察。图3-1展示了1978—2013年我国的国内生产总值

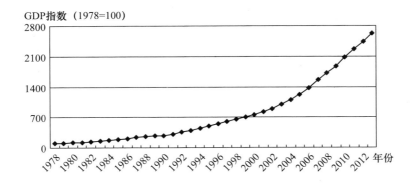

图3-1　国内生产总值指数

　　注：国内生产总值指数是指反映一定时期内国内生产总值变动趋势和程度的相对数，该指标是以1978年为基期计算的定基指数。按不变价格计算。

　　资料来源：中国国家统计局网站年度数据。

指数（GDP 指数）。从图 3-1 中可清晰地看到自 1978 年以来，我国 GDP 指数呈不断上升趋势。1978 年数值为 100，2013 年的 GDP 指数值为 2632，大约是 1978 年的 26 倍。这表明尽管剔除了价格因素，中国的经济增长速度依然十分显著。以 700 为主要刻度单位，将 GDP 指数划分为四个区间，可以发现 1978—1999 年 GDP 指数处于 100—700，而从 1999 年之后，GDP 指数从 700 攀升到接近 2800，跨越了三个区间。这意味着中国的经济增长水平自 1999 年左右得到快速提升。

　　从经济增长环境来看，我国自 1990 年以来，GDP 和人均 GDP 水平持续稳步上升（见表 3-1），这一进程始终伴随着较高的投资水平。改革开放之前投资水平的不断提升被认为是计划经济体制的产物。随着体制改革的逐渐深入，由预算软约束造成投资冲动的体制基础已经基本被削弱，而投资水平依然高居不下。无论我国投资水平的提升由何引致，试图保持高投资率的一项重要原因在于期望通过投资带动经济增长。新古典增长理论认为物质资本是启动经济增长的必要条件。对发展中国家而言，物质资本相对匮乏，因而物质资本的不断形成是保障其经济持续增长的决定性因素。而内生增长理论引入技术进步因素，更为系统深入地研究经济增长。

　　表 3-2 将 1952—2011 年样本序列划分为 6 个区间。新中国成立后 20 年间投资和增长水平较低，就增幅而言，投资显著高于经济增长。1972—1981 年投资增幅骤降，增长增幅略有提高。1982—1991 年改革开放初期，投资水平和增长水平均大幅提升。近 20 年来，投资和增长水平加速上升，投资增幅甚至高达增长增幅的两倍。投资和增长增幅的相对变化在一定程度上体现了投资效率的高低，而投资效率也反映在增长与投资的比例上。若投资确实能够推动经济增长，则增长与投资的比例越高，表明投资对增长的驱动作用越强。改革开放后，增长与投资的比例从 6 倍迅速降至 3 倍左右，而 2002—2011 年增长水平仅为投资水平的 1.89 倍。换言之，随着改革开放的深入，投资增速加快，但投资对增长的驱动作用逐渐减弱，即投资效率呈下降趋势。

表 3 - 1 我国的经济增长环境变化

年份	GDP	人均 GDP	GDP 增长指数（上年 = 100）
1990	18667. 8	1644	103. 8
1991	21781. 5	1893	109. 2
1992	26923. 5	2311	114. 2
1993	35333. 9	2998	114. 0
1994	48197. 9	4044	113. 1
1995	60793. 7	5046	110. 9
1996	71176. 6	5846	110. 0
1997	78973. 0	6420	109. 3
1998	84402. 3	6796	107. 8
1999	89677. 1	7159	107. 6
2000	99214. 6	7858	108. 4
2001	109655. 2	8622	108. 3
2002	120332. 7	9398	109. 1
2003	135822. 8	10542	110. 0
2004	159878. 3	12336	110. 1
2005	184937. 4	14185	111. 3
2006	216314. 4	16500	112. 7
2007	265810. 3	20169	114. 2
2008	314045. 4	23708	109. 6
2009	340902. 8	25608	109. 2
2010	401512. 8	30015	110. 4
2011	472881. 6	35181	109. 3

资料来源：《中国统计年鉴（2012）》。

　　以上分析从时序角度指出了投资和增长具备相似的逐步提升趋势。鉴于我国东、中、西部区域差异较明显，以下从截面角度观察固定资产投资和经济增长的变动态势。从经济增长水平看，东部平均值为 3474. 0 亿元，中部平均值为 1841. 1 亿元，西部平均值为 415. 7 亿元；从固定资产投资水平看，东部平均值为 1516. 9 亿元，中部平均值为 938. 3 亿元，西部平均值为 519. 3 亿元。此外，对 1952—2011

年的固定资产投资和经济增长数据分别求均值。由此可知，经济增长和固定资产投资水平的区域差异明显，均呈现东、中、西逐次递减的规律，且固定资产投资水平的区域差异相对较低。固定资产投资水平较高的地区，其经济增长水平也较高；反之亦然。结合前文分析可得如下结论：无论从时序角度还是截面角度考虑，我国的固定资产投资和增长水平均呈同向变动趋势。

表 3 − 2　　　　　　　　　固定资产投资与经济增长变动趋势

时间区间 （年）	投资均值 （亿元）	经济增长 均值（亿元）	投资增幅 （%）	经济增长 增幅（%）	经济增长/投资
1952—1961	163.9	1044.9	211.6	85.9	6.38
1962—1971	176.3	1578.8	353.5	97.7	8.96
1972—1981	511.0	3212.5	174.9	110.4	6.29
1982—1991	3024.3	11828.2	348.0	297.8	3.91
1992—2001	22896.1	68108.1	393.2	318.5	2.97
2002—2011	146675.1	276970.8	607.2	332.6	1.89

资料来源：《中国统计年鉴（2012）》《新中国60年统计资料汇编》及笔者的计算。

随着经济增长的快速发展，中国的金融体制改革也在不断推进。金融体制改革立足于对中国金融体系的不断完善，同时也伴随着金融监管体制的相应改革推进。金融发展引致的金融风险推动金融监管，金融监管则通过防范与控制金融风险推动金融发展的深入，金融发展与金融监管的交叉渐进式改革对于保障金融稳定至关重要。本章对改革开放以来中国的金融发展历程作出简要回顾，介绍在金融发展过程中金融监管机制的改革情况，由此引出近年来对中国金融稳定形势评估的发展与多种观点的阐述。本章的研究具有如下几点意义：第一，明确我国金融发展如何随着经济增长的推进而变化，为后续研究金融发展与经济增长的关联性奠定基础；第二，通过金融发展、金融监管机制等的介绍为实证分析中金融发展指标选择、数据来源提供相应的参考；第三，金融稳定评估的指标、方法、观点对于本书的实证研究而言具有重要借鉴价值。

第一节　中国融资体系的发展

中国金融体系的发展，是资金融通规模、效率等的升级过程，是间接融资、直接融资、外部融资的全方位金融改革历程。因此，本节从间接融资、直接融资、外部融资三个方面来回顾中国金融体系的发展。

一　间接融资系统的发展

间接融资通常是指资金供给者和需求者通过金融中介发生借贷关系，而银行则是间接融资系统的金融中介代表，其他还包括信托、保险等进行资金融通业务的非银行金融中介。本节重点通过简述中国银行业的发展，来考察改革开放以来中国间接融资系统的发展进程。

1949—1978 年，中国经济发展的显著特点是公有制，在金融系统上则体现为大一统、中央集权、国家垄断的计划金融体制。于 1948 年由北海银行、华北银行、西北农民银行的合并而成立的中国人民银行是我国唯一的银行，其执行中央银行的职能，又办理银行、保险等各项金融业务。在统一的计划体制中，自上而下的人民银行体制，成为国家吸收、动员、集中和分配信贷资金的基本手段。

随着社会主义改造的加快，私营金融业纳入了公私合营银行轨道，形成了集中统一的金融体制，中国人民银行作为国家金融管理和货币发行的机构，既是管理金融的国家机关又是全面经营银行业务的国家银行。与高度集中的银行体制相适应，从 1953 年开始建立了集中统一的综合信贷计划管理体制，即全国的信贷资金，无论是资金来源还是资金运用，都由中国人民银行总行统一掌握，实行"统存统贷"的管理办法，银行信贷计划纳入国家经济计划，成为国家管理经济的重要手段。高度集中的国家银行体制，为大规模的经济建设进行全面的金融监督和服务。

中国人民银行担负着组织和调节货币流通的职能，统一经营各项信贷业务，在国家计划实施中具有综合反映和货币监督功能。银行对国有企业提供超定额流动资金贷款、季节性贷款和少量的大修理贷款，对城乡集体经济、个体经济和私营经济提供部分生产流动资金贷款，对农村中的贫困农民提供生产贷款、口粮贷款和其他生活贷款。这种长期资金归财政、短期资金归银行，无偿资金归财政、有偿资金归银行，定额资金归财政、超定额资金归银行的体制，一直延续到1978 年，其间虽有几次变动，但基本格局变化不大。

随着社会主义市场经济体制的不断完善，中国人民银行作为中央银行在宏观调控体系中的作用将更加突出。改革开放战略的提出使中国的金融体制和银行业逐渐发生转变。此后，银行业发展大致可划分为三个阶段。

（一）国有专业银行阶段：1978—1993 年

1978 年12 月，党的十一届三中全会开启了中国改革开放的大门，从此我国走上了"摸着石头过河"的渐进式改革开放之路。党的十二届三中全会通过《中共中央关于经济体制改革的决定》，拉开了全面、系统推进经济体制改革的序幕。为适应经济体制改革和经济发展的需要，我国的金融体制改革围绕建立以中央银行为领导、国家专业银行为主体、多种金融机构并存的金融组织体系而渐次展开。

1978 年后，中国人民银行逐步明确其中央银行的定位，分立或设立中国农业银行、中国银行、中国工商银行、中国人民建设银行（1996 年更名为中国建设银行）等国有专业银行，这些银行执行除央行外的其他职能，逐渐成为促进中国经济发展的重要金融中介。

具体而言，1979 年2 月，中国农业银行得以恢复，主要负责办理农村金融业务，并管理农村信用合作社。同年，为适应对外开放和国际金融业务发展的新形势，改革了中国银行的体制，中国银行成为国家指定的外汇专业银行，同时设立了国家外汇管理局。中国工商银行则于1984 年1 月成立，负责办理工商企业的存贷款和结算等业务。1985 年11 月起，中国人民建设银行的全部资金纳入中国人民银行综合信贷计划，由中国人民银行领导和管理。1986 年，交通银行以国有控股的股份制形式重新组建，成为第一家国有控股的股份制商业银行。此外，还成立了中国人民保险公司、中国国际信托投资公司等金融机构。以后，又恢复了国内保险业务，重新建立中国人民保险公司；各地还相继组建了信托投资公司和城市信用合作社，出现了金融机构多元化和金融业务多样化的局面。

日益发展的经济和金融机构的增加，迫切需要加强金融业的统一管理和综合协调，由中国人民银行来专门承担中央银行职责，成为完善金融体制、更好发展金融业的紧迫议题。1982 年 7 月，国务院批转中国人民银行的报告，进一步强调"中国人民银行是我国的中央银行，是国务院领导下统一管理全国金融的国家机关"，以此为起点开始了组建专门的中央银行体制的准备工作。

1983 年 9 月 17 日，国务院做出决定，由中国人民银行专门行使中央银行的职能，并具体规定了中国人民银行的 10 项职责。从 1984 年 1 月 1 日起，中国人民银行开始专门行使中央银行的职能，集中力量研究和实施全国金融的宏观决策，加强信贷总量的控制和金融机构的资金调节，以保持货币稳定；同时新设中国工商银行，中国人民银行过去承担的工商信贷和储蓄业务由中国工商银行专业经营；中国人民银行分支行的业务实行垂直领导；设立中国人民银行理事会，作为协调决策机构；建立存款准备金制度和中央银行对专业银行的贷款制度，初步确定了中央银行制度的基本框架。

中国人民银行在专门行使中央银行职能的初期，随着全国经济体制改革深化和经济高速发展，为适应多种金融机构、多种融资渠道和多种信用工具不断涌现的需要，中国人民银行不断改革机制，搞活金融，发展金融市场，促进金融制度创新。中国人民银行努力探索和改进宏观调控的手段和方式，在改进计划调控手段的基础上，逐步运用利率、存款准备金率、中央银行贷款等手段来控制信贷和货币的供给，以求达到"宏观管住、微观搞活、稳中求活"的效果，在制止信贷膨胀、经济过热、促进经济结构调整的过程中，初步培育了运用货币政策调节经济的能力。

（二）国有商业银行阶段：1994—2004 年

20 世纪 80 年代中后期，随着我国经济体制改革的深入推进，经济领域一些深层次矛盾开始显现，转轨中的一些国有企业经营遇到困难，经营风险逐步暴露，加之当时法制、信用制度建设滞后以及银行自身经营管理存在的诸多问题，使银行资产质量恶化，并在90年代集中爆发。国有银行作为我国金融业的主力军，在支持经济体制改革和国有企业改制的过程中，也产生了巨额的不良贷款，背上了沉重的包袱，经营和发展受到了严重影响。

1993年年底，国务院发布《国务院关于金融体制改革的决定》，指出："在政策性业务分离出去之后，现国家各专业银行（中国工商银行、中国农业银行、中国银行和中国人民建设银行）要尽快转变为国有商业银行，按现代商业银行经营机制运行。"因此，中国人民银行进一步强化金融调控、金融监管和金融服务职责，划转政策性业务和商业银行业务。

自1994年起，中国陆续成立了三大政策性银行，分别是中国农业发展银行、国家开发银行、中国进出口银行。同时，国有专业银行将政策性业务剥离后，逐步转型为国有商业银行。此外，中国光大银行、中国民生银行等第二批股份制商业银行也得以成立和发展。

1995年3月18日，第八届全国人民代表大会第三次会议通过了《中华人民共和国中国人民银行法》，至此，中国人民银行作为中央银行以法律形式被确定下来，标志着中央银行体制走向了法制化、规范化的轨道，是中央银行制度建设的重要里程碑。

1998年，按照中央金融工作会议的部署，改革中国人民银行管理体制，撤销省级分行，设立跨省区分行，同时，成立中国人民银行系统党委，对党的关系实行垂直领导，干部垂直管理。

2003年，按照党的十六届二中全会审议通过的《关于深化行政管理体制和机构改革的意见》和十届人大一次会议批准的国务院机构改革方案，将中国人民银行对银行、金融资产管理公司、信托投资公司及其他存款类金融机构的监管职能分离出来，并和中央金融工委的相关职能进行整合，成立中国银行业监督管理委员会（以下简称银监会）。同年9月，中央机构编制委员会正式批准人民银行的"三定"调整意见。12月27日，十届全国人民代表大会常务委员会第六次会议审议通过了《中华人民共和国中国人民银行法（修正案）》。

有关金融监管职责调整后，人民银行新的职能正式表述为"制定和执行货币政策、维护金融稳定、提供金融服务"。同时，明确界定："中国人民银行为国务院组成部门，是中华人民共和国的中央银行，是在国务院领导下制定和执行货币政策、维护金融稳定、提供金融服务的宏观调控部门。"这种职能的变化集中表现为"一个强化、一个转换和两个增加"。

"一个强化"，即强化与制定和执行货币政策有关的职能。人民银行要大力提高制定和执行货币政策的水平，灵活运用利率、汇率等各种货币政策工具实施宏观调控；加强对货币市场规则的研究和制定，加强对货币市场、外汇市场、黄金市场等金融市场的监督与监测，密切关注货币市场与房地产市场、证券市场、保险市场之间的关联渠道、有关政策和风险控制措施，疏通货币政策传导机制。

"一个转换"，即转换实施对金融业宏观调控和防范与化解系统性金融风险的方式。由过去主要是通过对金融机构的设立审批、业务审批、高级管理人员任职资格审查和监管指导等直接调控方式，转变为对金融业的整体风险、金融控股公司以及交叉性金融工具的风险进行监测和评估，防范和化解系统性金融风险，维护国家经济金融安全；转变为综合研究制定金融业的有关改革发展规划和对外开放战略，按照我国加入WTO的承诺，促进银行、证券、保险三大行业的协调发展和开放，提高我国金融业的国际竞争力，维护国家利益；转变为加强与外汇管理相配套的政策的研究与制订工作，防范国际资本流动的冲击。

"两个增加"，即增加反洗钱和管理信贷征信业两项职能。今后将由人民银行组织协调全国的反洗钱工作，指导、部署金融业反洗钱工作，承担反洗钱的资金监测职责，并参与有关的国际反洗钱合作。由人民银行管理信贷征信业，推动社会信用体系建设。

（三）股份制商业银行阶段：2005 年至今

2001 年 12 月，我国正式加入 WTO，由此拉开了更宽领域、更深层次对外开放和经济体制改革的序幕。金融改革进程明显加快，商业银行也步入了新的发展阶段。面对金融业即将全面开放带来的机遇和挑战，我国银行业的首要任务是抓住入世后 5 年过渡期的宝贵时间，加快自身改革和发展。2003 年 9 月，国务院国有独资商业银行股份制改革试点工作领导小组成立。10 月，党的十六届三中全会通过《中共中央关于完善社会主义市场经济体制若干问题的决定》，明确提出选择有条件的国有商业银行实施股份制改造，加快处置不良资产，充实资本金，创造条件上市。国有银行的改革进入了新的阶段。因此，这一阶段主要表现为各大国有控股商业银行在境内、境外的陆续上市。

通过对股份制改革的正确部署和稳步推进，各大银行股份制改革工作取得成效。各银行通过成立股份有限公司，引进战略投资者，加强内部管理，深化内部改革，转换经营机制，为银行上市奠定了坚实的基础。

2004 年 6 月，在中国金融改革深化的过程中，国务院批准了交通银行深化股份制改革的整体方案，其目标是要把交通银行办成一家公司治理结构完善、资本充足、内控严密、运营安全、服务和效益良好、具有较强国际竞争力和百年民族品牌的现代金融企业。在深化股份制改革中，交通银行完成了财务重组，成功引进了汇丰银行、社保基金、中央汇金公司等境内外战略投资者，并着力推进体制机制的良性转变。2005 年 6 月 23 日，交通银行在香港成功上市，成为首家在境外上市的中国内地商业银行。目前，交通银行已经发展成为一家"发展战略明确、公司治理完善、机构网络健全、经营管理先进、金融服务优质、财务状况良好"的具有百年民族品牌的现代化商业银行。

2006 年 6 月 1 日，中国银行股份有限公司 H 股在香港联合交易所挂牌上市，募集资金超过 754 亿港元，成为当时中国公司中最大的股票发行项目，是除日本以外亚洲最大的股票发行项目。在香港联交所

成功上市一个多月后，中国银行股份有限公司顺利完成了 A 股的询价
发行工作，成功实现了两地上市，回归国内资本市场。中国银行股份
有限公司成为国内首家 H 股和 A 股全流通发行上市的公司。作为国
内 A 股市场 IPO 最大、市值最大、流通股份最多的上市公司，中国银
行股份有限公司上市没有分拆任何资产，而是采取了整体上市方式，
为国有银行改制试点创造了一个成功范例。中国银行股份有限公司在
香港联交所和上海证券交易所成功挂牌上市，是中国银行百年历史上
的又一里程碑，对于中国银行的长远发展具有十分重要的意义，也标
志着资本市场股权分置改革和国有商业银行股份制改革同时取得了阶
段性的胜利。

　　2006 年 10 月，中国建设银行挂牌香港联合交易所，由此成为国
际资本市场上的一个重要参与者，成为中国银行业向世界一流商业银
行迈进的一个重要里程碑。2007 年 9 月，中国建设银行登陆 A 股市
场，在上海证券交易所成功挂牌上市，首次公开发行共筹集资金
580.5 亿元，成为当时 A 股市场融资规模最大的 IPO 项目。中国建设
银行的上市，标志着中国银行业和资本市场的改革与发展取得又一重
大进展。

　　根据国务院的决定，并经银监会批准，工商银行股份有限公司于
2005 年 10 月 28 日正式成立。工商银行的全部业务、资产、负债和机
构网点、员工，均纳入股份制改革的范围，整体重组后全部进入股份
有限公司。工商银行股份有限公司的成立，标志着工商银行进行了整
体的彻底改制。2016 年 10 月 27 日，工商银行在沪、港两地同时公开
上市，开创了 A + H 股同步上市的先河。按照上市当日工商银行 A 股
收盘价和 H 股收盘价对应的市值计算，A + H 股总市值达到 1419 亿美
元，成为当时全球排名第五位的上市银行。工商银行首次公开发行上
市创造了资本市场上的多个历史之最，刷新了 28 项纪录，被时人誉
为"世纪 IPO"。

　　2007 年 1 月，第三次全国金融工作会议明确提出中国农业银行
"面向'三农'、整体改制、商业运作、择机上市"的改革总原则，
中国农业银行进入股份制改革新阶段。2008 年 11 月，中央汇金投资

有限责任公司向中国农业银行注资，与财政部并列成为中国农业银行第一大股东。2009 年 1 月 15 日，中国农业银行股份有限公司成立。2010 年 4 月，中国农业银行启动 IPO，同年 7 月，中国农业银行 A + H 股于 15 日、16 日分别在上海、香港地区挂牌上市，实现全球最大规模 IPO。

2005—2007 年，五家大型银行——交通银行、中国建设银行、中国银行、中国工商银行、中国农业银行，陆续在香港和上海证券交易市场上市，融资额不断攀升。我国商业银行的股份制改革开展顺利，截至 2013 年 8 月，中国已有包括大型银行在内的 16 家商业银行成为上市银行，包括 5 家大型商业银行、8 家全国性股份制商业银行和 3 家城市商业银行。

随着经济体制改革的逐步推进、金融系统改革的加速发展，我国的间接融资系统日益庞大。1990 年国家银行信贷总额为 15166.4 亿元，20 年后的 2010 年，金融机构人民币信贷总额高达 629906.6 亿元，与 1990 年相比增长了 40 倍之多。中国银监会网站显示，2013 年银行业金融机构资产总额为 151 万亿元，而 2003 年该值仅为 28 万亿元，十年来银行业金融机构资产规模稳步增长。2004—2012 年我国银行业金融机构的资产负债情况见表 3 - 3。由该表可知，每年我国银行业金融机构的各季度总资产和总负债都持续提升，总资产从 2004 年第一季度的 28.8 万亿元，持续提升至 2012 年第四季度的 133.6 万亿元；总负债则从 2004 年第一季度的 27.8 万亿元，持续提升至 2012 年第四季度的 125.0 万亿元，总资产与总负债接近平衡。值得注意的是，各季度总资产与总负债与上年同期增长率体现了宏观经济波动的影响。自 2004 年起，总资产与总负债的各季度同比增长率波动上升，到 2008 年超过 20%，2009 年达到峰值，接近 30%，体现了这一时期我国经济增长形势良好，借由各银行的股份制改革带来的利好影响，银行业金融机构进入快速发展时期，总资产规模持续加速提升。但 2008 年美国次贷危机逐渐波及全球，我国银行业金融机构的资产负债也受到一定的负面影响，表现为总资产与总负债的各季度同比增长率自 2009 年后逐步下调。

表 3 - 3　　　　　　　我国银行业金融机构资产负债情况　　　单元：亿元、%

年份	指标	第一季度	第二季度	第三季度	第四季度
2004	总资产	288406.4	297450	301499	315989.8
	比上年同期增长率	17.30	14.70	12.10	14.00
	总负债	277594.2	286530.4	290209.7	303252.5
	比上年同期增长率	17.70	15.10	12.20	13.80
2005	总资产	328782.8	345567.1	359644.6	374696.9
	比上年同期增长率	14.00	16.20	19.30	18.60
	总负债	315704.6	331189.5	344580.3	358070.4
	比上年同期增长率	14.90	15.60	18.70	18.10
2006	总资产	391927.0	409511.6	420846.3	439499.7
	比上年同期增长率	19.20	18.50	17.00	17.30
	总负债	374501.5	390332.2	400508.9	417105.9
	比上年同期增长率	18.60	17.90	16.20	16.50
2007	总资产	459288.8	485130.0	506163.1	525982.5
	比上年同期增长率	17.20	18.50	20.30	19.70
	总负债	435444.2	459535.0	478369.7	495675.4
	比上年同期增长率	16.30	17.70	19.40	18.80
2008	总资产	555022.1	577419.6	593473.8	623912.9
	比上年同期增长率	20.80	19.10	17.20	18.60
	总负债	522418.1	544001.0	557918.8	586015.6
	比上年同期增长率	20.10	18.40	16.60	18.20
2009	总资产	694394.2	737438.1	753125.2	787690.5
	比上年同期增长率	25.10	27.70	26.90	26.30
	总负债	654973.5	697612.3	711277.9	743348.6
	比上年同期增长率	25.40	28.20	27.50	26.80
2010	总资产	842565.4	872025.1	906395.6	942584.6
	比上年同期增长率	21.30	18.30	20.40	19.70
	总负债	795053.8	823147.1	852429	884379.8
	比上年同期增长率	21.40	18.00	19.80	19.00

续表

年份	指标	第一季度	第二季度	第三季度	第四季度
2011	总资产	1011576.0	1056691.0	1074133.0	1132873.0
	比上年同期增长率	18.90	19.90	17.20	18.90
	总负债	949648.0	993185.0	1006487.0	1060779.0
	比上年同期增长率	18.20	19.30	16.70	18.60
2012	总资产	1207398.0	1267831.0	1285455.0	1336224.0
	比上年同期增长率	19.36	19.98	19.67	17.95
	总负债	1130856.0	1188470.0	1202893.0	1249515.0
	比上年同期增长率	19.08	19.66	19.51	17.79

注：银行业金融机构包括政策性银行、国有商业银行、股份制商业银行、城市商业银行、农村商业银行、农村合作银行、城市信用社、农村信用社、邮政储蓄银行。

资料来源：中国银行业监督管理委员会。

国内信贷和 GDP 的数据对比可进一步体现间接融资系统在 20 世纪 90 年代之后的蓬勃发展。由表 3－4 和图 3－2 可知，1995—2012 年，国内信贷和 GDP 同时呈现稳步提升态势。1997 年之前，国内信贷略低于 GDP，随后均高于 GDP，且近年来国内信贷以高于 GDP 的增长速度持续快速提升。2012 年，国内信贷规模已达到 GDP 规模的 1.5 倍。上述数据表明，伴随着银行业金融机构的分阶段改革，我国间接融资系统得以大力发展。而间接融资系统与 GDP 同向发展也在一定程度上表明我国金融发展与经济增长可能存在较为密切的内在关系。

表 3－4　　　　　　　　我国国内信贷与 GDP 的趋势　　　　单位：万亿元

年份	国内信贷	GDP	国内信贷/GDP
1995	5.33338	6.07937	0.877
1996	6.64109	7.11766	0.933
1997	7.86811	7.89730	0.996
1998	9.44203	8.44023	1.119
1999	10.58067	8.96770	1.180
2000	11.72413	9.92145	1.182

续表

年份	国内信贷	GDP	国内信贷/GDP
2001	12.55550	10.96552	1.145
2002	17.26247	12.03327	1.435
2003	20.62836	13.58228	1.519
2004	22.52618	15.98783	1.409
2005	24.83671	18.49374	1.343
2006	28.87377	21.63144	1.335
2007	33.96592	26.58103	1.278
2008	37.93786	31.40454	1.208
2009	49.58892	34.09028	1.455
2010	58.73240	40.15128	1.463
2011	68.79716	47.31040	1.454
2012	80.55937	51.94701	1.551

资料来源:《中国金融年鉴（2013）》、中国国家统计局网站。

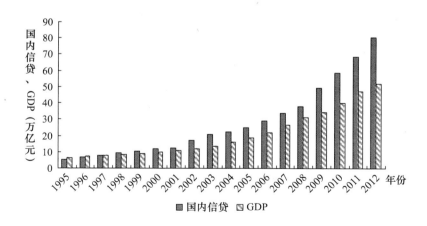

图3-2　1995—2012年国内信贷与GDP

资料来源:《中国金融年鉴（2013）》、中国国家统计局网站。

当前，我国的间接融资系统不仅规模庞大，同时也存在各种类型的金融机构，各自发挥其融资职能。为了更明确地理解我国金融体系，特别是间接融资系统的发展特征，本书对当前金融机构的类型做出简要描述。银行业金融机构的分类没有固定标准，笔者按照通常的做法以及《中国金融年鉴》的统计口径对我国当前的银行业金融机构作出划分（见表 3 - 5）。截至 2012 年年末，中国银行业金融机构大致可分为中央银行和银行金融机构两个大类，其中银行金融机构又可分为政策性银行和商业银行两大类。政策性银行是指国家开发银行、中国进出口银行和中国农业发展银行 3 家银行；大型商业银行是指中国工商银行、中国农业银行、中国银行、中国建设银行、交通银行 5大银行；股份制商业银行代表了中等规模的 12 家商业银行；其他银行则包括中国邮政储蓄银行、城市商业银行以及各类农村金融机构；除上述中资银行外还包括众多外资银行。

表 3 - 5　　　　　　　　　中国银行业金融机构（2012）

金融机构类别	具体机构	
中央银行	中国人民银行	
银行金融机构	政策性银行	国家开发银行、中国进出口银行、中国农业发展银行
	大型商业银行	中国工商银行、中国农业银行、中国银行、中国建设银行、交通银行
	股份制商业银行	中信银行、中国光大银行、华夏银行、广东发展银行、平安银行、招商银行、上海浦东发展银行、兴业银行、中国民生银行、恒丰银行、浙商银行、渤海银行
	其他银行	中国邮政储蓄银行、城市商业银行、农村商业银行、农村合作银行、农村信用社、新型农村金融机构
	外资银行	—

注：新型农村金融机构包括村镇银行、贷款公司和农村资金互助社。

资料来源：笔者根据《中国金融年鉴（2013）》整理。

　　银行系统的不断分化和发展可以体现在银行金融机构总资产与

中央银行总资产的相对比重上，经计算，1994 年年末该值为 2.70，2012 年年末，该值达到了 4.54。银行金融机构内部的比重则更明确地展现我国的银行业机构。如图 3 - 3 所示，2013 年，5 家大型商业银行资产占所有银行金融机构的资产份额为 46%，目前仍是地位十分突出的银行。12 家股份制商业银行占据 18%，该规模正在进一步扩大。外资银行目前占据较小的份额，仅为 2%，低于有着大规模营业网点的中国邮政储蓄银行。在其他银行中，城市商业银行为中小型银行的另一代表，占据 9.5% 的份额，广大农村金融机构总资产为银行业总资产的 12.7%，在农村地区的间接融资体系中占据重要的地位。

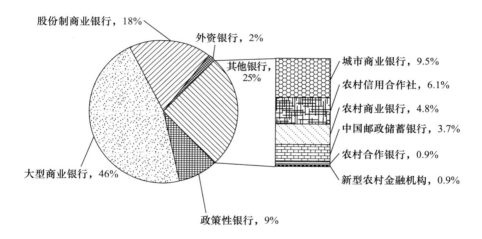

图 3 - 3　中国银行业金融机构资产占比

资料来源：笔者根据《中国金融年鉴（2013）》整理。

随着银行业的不断发展，金融统计口径也发生相应变动。对金融数据统计口径变动的考察，一方面可以印证中国银行业的阶段性发展，另一方面对实证研究的展开具有重要意义。1986 年，由中国人民银行主管、中国金融学会主办的《中国金融年鉴》正式出版发行。该年鉴涉及货币、银行、信贷、保险、信托、证券、利率、汇率、结算、投资、金融市场等内容。以《中国金融年鉴》为例，中国金融业务统计涉及银行业的统计口径发生了如下变化：

　　《中国金融年鉴》反映的是前一年的金融发展状况，例如，2013年出版的《中国金融年鉴》反映的是 2012 年的金融发展状况。以年鉴的出版年份来看，1995 年之前，涉及银行业发展的主要包括"货币概览"和国家银行的相关数据信息；1995 年后，银行业发展体现在"货币概览"和"特定存款机构"组成的"银行概览"上；2007年后，经过统计口径和范围的微调，银行业发展体现在"货币当局"和"其他存款性公司"组成的"存款性公司"上。具体的改变见图 3 - 4，其中，"货币当局"资产负债表反映了中国人民银行的资产、债权、储备货币等信息。"存款货币银行"统计范围包括国有商业银行、其他商业银行、农村信用合作社、城市信用合作社、财务公司和中国农业发展银行。由图 3 - 4 可知，2007 年之后的《中国金融年鉴》实际上包含了中央银行、银行业金融机构、非银行业金融机构三大部分。因此，表 3 - 5 所指的"银行金融机构"即为"其他存款性公司"，若加入中央银行，则统称为"存款性公司"。《中国金融年鉴》2007 年之前的"银行概览"以及 2007 年之后的"存款性公司概览"大致体现了我国间接融资系统的发展情况。细致考察相关金融统计资料统计口径的变化，不仅有助于深入了解中国金融改革的阶段性变化，也有助于后续实证研究过程中数据信息的处理。

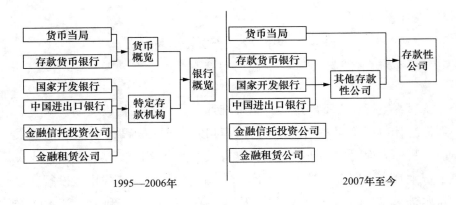

图 3 - 4　《中国金融年鉴》银行业相关统计口径变化

二　直接融资系统的发展

直接融资通常是指资金供给者和需求者相互之间直接进行协议、完成融资过程的模式。本书将直接融资系统界定为不通过银行这一金融中介进行融资的模式，与间接融资系统互为补充，它们共同构成一国国内的整个融资系统。间接融资系统实为银行这一金融中介的发展，而直接融资系统则为债券、股票、货币等金融市场的发展。

表 3-6 展示了我国 2002—2012 年社会融资规模总额及各类社会融资规模的变化。2002 年社会融资规模为 20112 亿元人民币，2012 年则达到了 157631 亿元，后者是前者的 7.84 倍。分类别来看，委托贷款社会融资的增长幅度最高，2012 年的委托贷款社会融资规模是 2002 年委托贷款社会融资规模的 73.36 倍。其次为债券社会融资，2012 年的债券社会融资规模是 2002 年的 61.45 倍。这表明我国间接融资系统和直接融资系统都得到了较优的发展。增长幅度最低的是非金融企业境内股票社会融资规模和人民币贷款社会融资规模，前者 2012 年是 2002 年的 3.99 倍，后者 2012 年是 2002 年的 4.44 倍，但人民币贷款社会融资规模的增幅较低很大程度上源于其基数高，而非金融企业境内股票社会融资规模的绝对值和增幅都较低，反映了我国直接融资系统，特别是股权融资发展相对缓慢。从融资规模的绝对值来看，2002 年人民币贷款社会融资规模远远高于其他类型的社会融资规模，但随着委托贷款社会融资规模、债券社会融资规模的大幅稳步提升，我国的社会融资方式和发展格局也发生了较大变化。

进一步来看，社会融资规模的比例可在一定程度上反映我国间接融资和直接融资系统的相对规模。大致而言，贷款融资、债券融资、股票融资是我国社会融资的主要来源（见图 3-5）。贷款融资体现了间接融资系统的发展，债券和股票融资则是直接融资系统的典型代表。

由表 3-6 具体来看，十年间，人民币贷款社会融资规模增长了3.4 倍，非金融企业境内股票社会融资增长了 3 倍，但债券社会融资规模增长了 60 倍之多。三种社会融资类型的增长速度差异很大程度

表 3 – 6　　　　　我国社会融资规模趋势（2002—2012 年）　　　单位：亿元

年份	社会融资规模	人民币贷款社会融资规模	外币贷款（折合人民币）社会融资规模	委托贷款社会融资规模	信托贷款社会融资规模	未贴现银行承兑汇票社会融资规模	债券社会融资规模	非金融企业境内股票社会融资规模
2002	20112	18475	731	175	—	–695	367	628
2003	34113	27652	2285	601	—	2010	499	559
2004	28629	22673	1381	3118	—	–290	467	673
2005	30008	23544	1415	1961	—	24	2010	339
2006	42696	31523	1459	2695	825	1500	2310	1536
2007	59663	36323	3864	3371	1702	6701	2284	4333
2008	69802	49041	1947	4262	3144	1064	5523	3324
2009	139104	95942	9265	6780	4364	4606	12367	3350
2010	140191	79451	4855	8748	3865	23346	11063	5786
2011	128286	74715	5712	12962	2034	10271	13658	4377
2012	157631	82038	9163	12838	12845	10499	22551	2508

资料来源：中国国家统计局网站。

上源于各自基数的巨大差异。2002 年，人民币贷款是社会融资的绝对主力，占 92% 的份额，而债券和股票融资占社会融资规模的总比重还不到 5%。债券融资基数最小，但发展迅速，从 2002 年的 367 亿元增长到 2012 年的 22551 亿元，融资规模占社会融资规模的比重从 2% 发展到 14%。股票融资规模波动较大，占社会融资规模的平均比为 3%。2007 年股票市场大力发展，融资规模占比重达到了最高值 7.3%。随着金融市场直接融资体系的发展，由银行主导的间接融资，即人民币贷款比例大幅下降，从 2002 年的高达 92% 降低到 2012 年的 52%。以上数据意味着我国长期以来间接融资系统的居绝对主导地位正在逐渐被打破，随着直接融资系统的不断发展，间接融资系统的比例也将变得更为适宜，两者的协调发展有利于我国金融体系的健康发展。

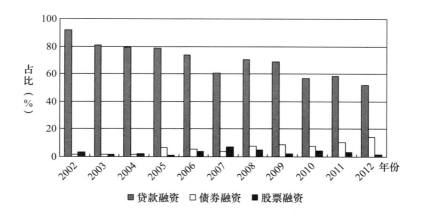

图 3 - 5　2002—2012 年各类社会融资规模占比

资料来源：中国国家统计局网站。

　　在企业各种外部融资方式中，银行融资成本最小，股权融资成本最高，企业债券融资的成本则居于二者之间。正因如此，在发达市场经济中，企业一般会优先考虑依靠内部积累解决资金问题。如果必须进行外部融资，则一般会优先选择债务融资，而在面临债务融资的需要时则优先选择银行贷款。由于种种原因，我国企业内部积累资金的能力普遍比较差，又由于长期以来银行业在我国金融体系中所占的特殊地位，所以我国企业间接融资比例普遍较高。但是，由于股票市场的体制性缺陷，我国上市企业普遍对分红派息缺乏积极性，所以从短期来看企业通过上市进行股票融资反而成为成本最低的融资方式。于是，我国企业普遍热衷于上市。目前，我国上市公司的直接融资比例大体上保持在 50% 左右。这一指标既大大高于我国企业直接融资比例的平均水平，又高于西方发达国家企业直接融资比例。企业股票融资的这种低成本是靠损害广大股民的利益而获得的，长此以往，必将损害股民投资的积极性，使我国股市无法正常发展。

　　直接融资系统的发展表现为金融市场的发展。金融市场由许多不同的市场组成，是一个复杂而庞大的体系。根据金融市场上交易金融工具的期限，一般可以把金融市场划分为货币市场和资本市场两大类。其中，货币市场是融通短期（一年以内）资金的市场，资本市场是融通长期（一年以上）资金的市场。货币市场包括金融同业拆借市场、回购协议市场、商业票据市场、银行承兑汇票市场、短期政府债券市场、大面额可转让存单市场等。资本市场包括中长期信贷市场和证券市场。中长期信贷市场是金融机构与工商企业之间的贷款市场；证券市场是通过证券的发行与交易进行融资的市场，包括债券市场、股票市场、基金市场、保险市场、融资租赁市场等。本书对货币市场中的同业拆借市场和资本市场中的债券、股票市场进行回顾和简要分析，以考察我国直接融资市场的发展。

（一）货币市场的发展

我国的短期融资市场，即货币市场的发展起步于 20 世纪 80 年代，包括银行间同业拆借市场、票据市场、国库券市场、回购市场等不同的子市场。鉴于央行票据、国库券属于债券品种，而银行间债券市场则是我国三大债券市场的其中之一。同时，银行拆借市场也是我国规模最大的一种货币市场。因此，本节简要回顾银行间同业拆借市场的发展历程，从而体现我国货币市场的发展。

银行间同业拆借市场是银行之间进行短期资金借贷交易的市场，市场的参与者为商业银行及其他各类金融机构。20 世纪 80 年代初期，随着银行业结构的逐步完善，我国银行间拆借交易逐渐产生，掀起了银行间同业拆借市场的发展浪潮。进入 90 年代，为了控制银行同业拆借交易的混乱所蕴含的较大金融风险，国家和中央银行开始规范银行间同业拆借业务，逐步构建地方性融资中心。随后，全国银行间同业拆借中心于 1996 年 1 月正式成立。

同时，中央银行推出了全国银行间同业拆借利率（China Inter-bank Offered Rate，Chibor），即对全国各银行的同业拆借实际交易利率求加权平均值，此举是货币市场利率市场化的一个重要标志。此后，随着电子交易信息系统的逐步完善，证券公司和证券投资基金的逐步加入，银行间同业拆借市场得以不断发展，并在进入 21 世纪后开始稳步运行。2007 年 1 月，上海银行间同业拆借利率（Shanghai Inter-bank Offered Rate，Shibor）首次公开发布，该利率由信用等级较高的上海范围内银行所报人民币同业拆借利率计算得出算术平均值。Shibor 的形成机制同国际最通行的 Libor 如出一辙，是市场基准利率的最佳代表，因此，它的出台不仅大大推动了我国利率市场化的改革，同时也使银行间同业拆借市场在国内货币市场中的地位得到大幅提升。

1997 年，全国银行间同业拆借市场全年累计总拆借额为 4149 亿元，日均拆借额不足 20 亿元。2012 年，全国银行间同业拆借市场全年累计总拆借额达到 46 万亿元人民币，日均拆借额则达到 1875.7 亿元。由图 3 - 6 可知，全国银行间同业拆借额在 2007 年之前显著低于 1 万亿元，2007 年之后快速增长。2007—2010 年 3 年间处于 1 万亿—2 万亿元区间，2010—2011 年处于 2 万亿元到 3 万亿元区间，2012 年上半年则处于 4 万亿—5 万亿元区间。因此，2007 年之后利率市场化改革的提速和整体金融体制改革的深度推进，促进了我国银行间同业拆借市场的迅速发展。

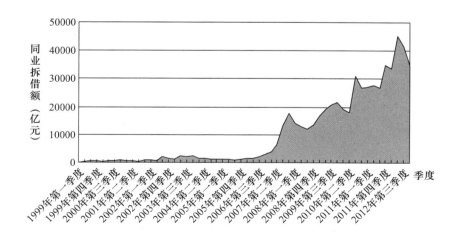

图 3 - 6　1999—2012 年银行间同业拆借额各季度均值

资料来源：笔者根据中国人民银行网站数据整理。

（二）资本市场的发展

1. 股票市场

20 世纪 80 年代，随着改革开放政策的提出，企业及政府开始发行股票、债券等有价证券进行融资，自 1986 年成立沈阳、上海、武汉、西安等地陆续成立证券交易市场，催生了"股票热"。1990 年 11 月，上海证券交易所正式运营。1991 年 7 月，深圳证券交易所也正式成立。沪、深证券交易所的成立标志着中国的资本市场开始走上正轨。1992 年邓小平同志的南方谈话突破了限制资本市场发展的意识形态禁锢，推动了我国资本市场的加速发展。境内企业在 A、B 股上市的数量从 1990 年 10 家发展到 2012 年的近 2500 家，股票筹资额随之大幅提升，从 1991 年的 5 亿元人民币波动发展到 2010 年的 11971 亿元人民币。股票市价总值在 2005 年之前与股票筹资额的发展趋势类似，2005 年之后股票市场波动加剧，股票市价总值在 2007 年达到 327141 亿元的最高值，是当年 GDP 的 4 倍之多（见图 3-7）。近年来股票市场虽经历 2008 年金融危机之后的大幅下降趋势，但仍稳定在高位，体现了我国股票市场正以不可逆转之势大力发展。直接融资

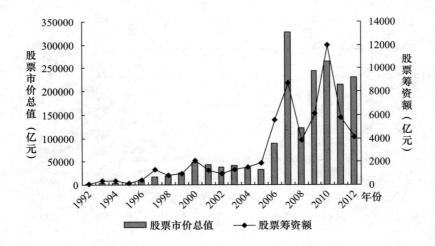

图 3-7 1992—2012 年股票市场发展趋势

资料来源：中国国家统计局网站、中国证券监督管理委员会网站。

系统的加速发展符合我国金融体制改革深入实施的要求，对于完善我国的金融体系有着极为重要的意义。

我国股票市场的发展和经济体制改革密切相关。在股票市场发展初期，为了保障国有绝对控股地位不动摇，我国股市出现流通股和非流通股并存的独特现象。这一股权分置制度符合当时的经济发展要求，但随着改革开放进程的加速推进，特别是 2001 年加入世界贸易组织后资本市场国际化发展趋势的增强，这一制度的改革势在必行。2005 年 5 月，中国证券监督管理委员会推出首批试点企业进行股权分置改革。1992 年，流通股本占股票总发行股本的 30%，即不能流通的国有股和法人股占 70%；至 2012 年，流通股本占股票总发行股本的比例已超过 80%。伴随着股权分置改革的顺利进行，我国股票市场的深度和广度得以有效拓展。

股票市场的发展不仅表现在整体规模和股权改革的发展两个方面，同时体现在股票市场结构的多层次发展上。近年来，为了满足不同规模企业多元化的融资要求，我国逐渐构造了一个多层次资本市场，除沪、深主板外，还包括中小板、创业板、新三板、新四板等股票交易市场，覆盖企业面越来越大，涉及的企业则越来越小，最大限度地发挥资本市场的直接融资功能。

2. 债券市场

20 世纪 80 年代初期，改革开放对经济建设的要求使我国的国债得以恢复发行。为便于国债的变现，1988 年 61 个城市陆续开展国债流通转让交易，地方性债券交易中心和柜台交易市场逐渐形成，这也是我国债券市场的起步。1991 年年初，全国 400 多个大中小城市均开展了国债流通转让交易业务，主要进行国库券的交易，形成了债券的场外柜台交易模式。20 世纪 90 年代初期，在邓小平同志南方谈话的引导下，上海、深圳证券交易所正式成立。在经营股票交易业务的基础上，证券交易所开始承担国债现货、期货和回购交易业务，将债券交易引导至交易所市场。

1997 年亚洲金融危机引发了我国对金融市场风险的重视。商业银行在证券交易所购买或出售债券很大程度上导致资本市场的大幅波动，不利于金融风险的控制。因此，中国人民银行要求商业银行撤出证券交易市场，银行所持有或认购的债券以及一些政策性金融债券则转移至银行间债券市场进行交易。货币市场和资本市场的相互融合催生了银行间债券市场的产生，符合当时的经济发展和金融稳定要求。由此，我国逐步形成了包括柜台交易市场、银行间债券市场和交易所市场三个市场的多层次综合债券市场。2002 年年末，首只国债在柜台交易市场、银行间债券市场和交易所市场同时发行和交易，打破了三个市场间分割的态势，逐步引导我国的债券市场走向协调和统一。目前，我国债券市场形成了银行间市场、交易所市场和商业银行柜台市场三个子市场在内的统一分层的市场体系。其中，银行间市场是债券市场的主体。商业银行柜台市场则是银行间市场的扩展和延伸，属于债券零售市场。交易所市场是另一重要组成部分，参与交易的投资者种类最多，对于债券市场整体发展的贡献不可忽视。

自 1981 年以来，我国债券的发行规模不断增加，2004 年我国的债券余额不足 5 万亿元，2012 年则已达到 25 万亿元。同时，债券的种类也不断增加，体现了金融创新的发展。国债是债券发行的最初品种，随后演变为国债、地方债券、中央银行票据、金融债券、商业银行债券、企业债券等类型。按照中国债券信息网的数据，当前我国的债券包括政府债券、央行票据、金融债券、企业债券、资产支持证券、可转换债券十几个品种。图 3 - 8 展示了 1999—2011 年我国四大类债券的融资情况。由图 3 - 8 可知，2005 年之前，国债和金融债券的融资比例较高，2005 年后企业债券融资额迅速提升。2007 年国债融资额达到历年最高值，最近几年，金融债券和企业债券发展稳定，与国债一同成为我国债券融资的主要类别。

企业债券既是企业融资的重要途径之一，也是资本市场重要的融资工具之一。我国企业债券市场的起步虽早于股票市场，但发展到今天却远远落后于股票市场。我国企业债券市场之所以发展滞后，内部原因在于制度安排存在缺陷或不明确，外部因素则在于市场能力低下。为此，必须不断进行制度创新和实现债券发行市场化，创造企业债券市场发展所需的制度环境和市场条件。

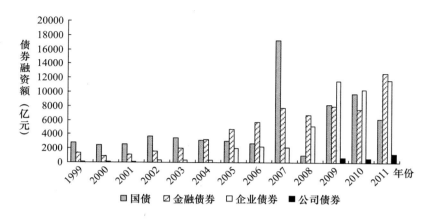

图 3 - 8 1999—2011 年各类债券融资额

资料来源：《中国证券期货统计年鉴（2012）》。

通过制度创新营造企业债券市场发展的制度环境。第一，要构建企业债券统一监管的格局。中国企业债券市场发展的实践证明：现行的多头监管的体制，不利于市场的整体监管，同时也降低了监管效率。应充分利用中国证券监督管理委员会（以下简称证监会）作为资本市场专业监管部门所具有的组织保障和专业经验，同时学习借鉴美国债券市场监管的经验，将企业债券市场纳入证券市场的监管范畴，逐步变多头监管为证监会集中统一监管，彻底改变企业债券发行和上市过程中多家监管主体共同审批、耗时费力的局面。第二，要改革发行制度，推进企业债券发行由审批制逐渐向核准制转变。如果企业符合债券发行法规的要求，经有资格的承销机构推荐，经主管部门审核同意，企业就应能发行债券。第三，要构建企业债券信用等级定价机制，将企业债券的发行利率与企业信用等级挂钩。信用等级不同的企业债券，一定要体现出利率差别，使企业信用等级真正成为影响投资者决策的重要考量，不断提升信用评级在整个债券定价体系中的地位与作用，发挥信用评级机构揭示信用风险的基本作用。第四，要将债券市场的发展与企业经营机制的转换及银行体制的改革有机结合起来。长期债券市场只有与这两方面的改革配套进行才能避免企业盲目发债和银行超额贷款，才能防止信用膨胀现象的再次发生。

近年来，全球经济复苏乏力，各国中央银行货币政策操作频繁，大宗商品价格以及汇率、利率等金融市场价格均波动加大，全球金融市场之间的相互影响进一步加深，中国以产业转型和产业升级为目标的经济改革也步入深水区。

我国证券市场面临的风险在于经济环境导致证券市场行情波动，从而造成业务损失或收入减少的可能性。我国 A 股发行注册制改革继续稳步向前推行；证监会发布实施《证券公司融资融券业务管理办法》；在经历年中股市异常波动之后，上海证券交易所（以下简称上交所）、深圳证券交易所（以下简称深交所）和中国金融期货交易所（以下简称中金所）正式发布指数熔断相关规定。截至 2015 年年底，证监会、证券业协会、沪深两市交易部门等出台多项法规、规章以及规则以规范证券市场监管体系。这些制度的变化会造成行业经营环境的变化，加剧证券公司的竞争，使证券业的经营管理重心及利润来源都将有较大调整。

针对行业政策和各项法规政策变化产生的风险，证券公司应全面把握金融政策动态。国外证券公司业务范围除传统的证券承销、自营交易以及经纪业务之外，还在全球范围内积极开展企业兼并收购、受托资产管理、投资咨询、基金管理以及资金借贷等广义的证券业务。在拓展业务范围的同时，外资证券公司对金融衍生工具的创新和应用也日益广泛，既提供综合性服务也提供专项服务，一方面形成业务多样化的交叉发展态势，另一方面又各有所长，向专业化方向发展。

而目前阶段，我国证券公司的业务收入来源仍然以证券经纪等传统业务为主。我国证券行业普遍存在同质化竞争现象，各证券公司所从事的业务基本相同，创新能力不足，对于金融衍生工具的创新和运用还不够深入，缺乏经营特色，证券公司整体上对传统业务的依赖性仍然较大。

同时，互联网金融的发展又不断压缩证券交易佣金率，这导致各证券公司的经营发展与风险水平具有明显的同步性和周期性，从而加大了整个行业的系统性风险。证券公司抵御风险能力较弱。境外成熟市场投资银行的业务领域横跨货币、外汇、商品、股票、债券等多个市场，可以实现业务、产品和服务的多元化、综合化和全球化，为开展金融创新、增加利润来源、分散经营风险提供了更为良好的外部环境。同时，成熟市场的投资银行业务具有悠久的发展历史，经过长时间的竞争发展形成了一批资本实力雄厚、盈利能力较强的国际投资银行。而我国证券公司发展时间较短，整体规模明显偏小，业务品种单且业务普遍局限在中国境内，竞争能力和抗风险能力较弱。虽然经过证券公司综合治理和实施分类监管，中国证券公司的内部控制体系和风险防范能力得到了显著提高，但证券业务的日趋复杂，尤其是创新业务的开展对证券公司风险控制能力提出了越来越高的要求。

三 外部融资系统的发展

伴随着改革开放和金融自由化、国际化进程的展开，我国经济的快速增长离不开外部融资系统的发展。外部融资指的是由国外提供的资金融通，包括外商直接投资（FDI）、外债等方面。本节重点对改革开放以来我国FDI的发展历程进行简要梳理，同时观察外部融资系统的相关数据，为后续实证研究提供参考。

（一）中国引进外商投资的历程

1978年，在邓小平同志的领导下，我国的改革开放大计拉开序幕。1979年为了引进外商直接投资，我国颁布了《中华人民共和国中外合资经营企业法》，由此掀起了第一拨外商投资热潮。外商直接投资水平的提升离不开投资环境的改善，投资环境的改善则有赖于经济体制的突破和改革。为了改善投资环境，提高我国对外商投资的吸引力，20世纪80年代我国先后在东部沿海地区成立了深圳、珠海等5个经济特区，随后，相继开放了14个沿海港口城市，紧接着将长三角、珠三角、闽南三角、环渤海等地区划分为沿海经济大开放区，由此形成了东部沿海地区整体的对外开放和高速发展态势。

改革开放之初，我国引进外商处于起始阶段，外商直接投资的项目和金额都极为有限，且主要来自我国香港地区。从1978年开始，珠江三角洲发挥毗邻港澳地区的优势，率先冲破体制束缚，以"三来一补"的企业经营方式"借船出海"，与香港地区形成了"前店后厂"的紧密联系。不久之后，以当地乡镇企业为主，珠江三角洲地区嫁接外资，逐步发展外向型乡镇企业，逐渐向"造船出海"转变（费孝通，1992；卢荻，2009）。珠江三角洲地区依靠其毗邻港澳的区位优势和优先发展沿海地区的体制环境，同时凭借政府职能及时转变，造就了驰名海内外的"珠江模式"，该模式以外来资源的拉动为特征，以外向型经济发展为主导。可以说，这一阶段我国外商直接投资企业呈现出较为明显的探索式发展路径。虽然数量和效益逐步提高，但总体来看，我国外商直接投资企业的规模较小，经营期限较短，技术含量也不高。

1992年，邓小平同志的南方谈话有力地推动了改革开放进程的深入，社会主义市场经济体制的特征日益明显。我国在企业所得税、增值税、进口关税、土地使用费等各方面制定了一系列优惠政策，以鼓励外商直接投资的大力发展。同时，从东部向西部梯度推移，逐步扩大对外开放范围。在沿海开放开发基础上提出了"沿边境、沿长江、沿主要交通干线"这一"三沿"开放开发的战略方针，并开放了内陆边境口岸城市和省会城市，形成了全方位对外开放格局。

这一阶段，我国对外开放的步伐逐渐加快，所吸引的外资从以港澳地区为主逐步转向发达国家的资金占据重要地位。1992年，发达国家对华直接投资规模占我国利用外商直接投资总额的比重为16%，2001年该比重则上升到34%。我国吸引外资规模的扩大不仅源自我国利用外资优惠政策的陆续出台，还源自对外开放领域的不断扩大和投资环境的日趋改善。自20世纪90年代起，越来越多的国家和地区来我国进行投资，我国利用外资的地区来源呈现多元化趋势。同时，一些著名的跨国公司看到了我国巨大的市场潜力和低廉的资源成本，开始大量投资于我国各省市各地区。

2001年，我国加入世界贸易组织，标志着我国的外商直接投资进入了一个新的发展阶段。此后，我国利用外资从关注规模和数量逐渐向注重外资的质量和创新水平转变。该阶段我国吸引外资的形式呈现与以往不同的变化，例如跨国并购成为我国外商投资企业的新形式。经过20多年的探索和发展，我国经济增长规模和速度达到较高程度，经济增长方式转型和产业结构调整等战略的实施拉开序幕。产品附加值低、产业对外依存度过高等问题日益引起重视，因此，我国在引进外资方面更加注重外资对本国产业的实际带动作用，例如，吸引外资的技术水平有所提高，引导外资流向除制造业外的其他行业，特别是高新技术产业。

根据前文所述，我国引进外商投资的发展历程可大致划分为三个阶段：第一阶段是1978—1991年，可视为外商投资的起始发展阶段；第二阶段是1992—2001年，可视为外商投资的初级发展阶段；第三阶段是2002年至今，可视为外商投资的快速发展阶段。相关数据能够较好地揭示上述三个阶段我国利用外商投资的发展情况，此处采用实际利用外资额等指标进行简单分析。

图3-9展示了1983—2013年以来我国利用外资的相关趋势，包括实际利用外资金额、实际利用外商直接投资（FDI）金额以及后者占前者的比重（FDI占比）。1992年之前，我国处于引进外商投资的起始发展阶段，实际利用外资额从接近零的水平逐渐提升到200亿美元。其间，外商直接投资水平较低，所占比例不足50%。1992—2001年，我国实际利用外资额在400亿—600亿美元的区间浮动，外商直接

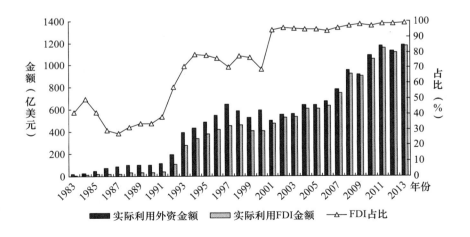

图3-9　1983—2013年我国利用外资相关趋势

资料来源：中国国家统计局网站年度数据。

投资占比稳定在 75% 左右，该阶段是我国利用外商投资的初级发展阶段。2002 年后，随着我国加入世界贸易组织，引进外商投资进入快速发展阶段。2001 年外商直接投资占比从 2000 年的 69% 突然提升至 2001 年的 94%，随后稳定在 95% 以上。同时，该阶段我国实际利用外资额大幅快速攀升，十多年间从 600 亿美元提升到 1200 亿美元，以高于 7% 的年平均增速实现了倍增。

按照中国国家统计局的解释，"实际使用外资金额指批准的合同外资金额的实际执行数，外国投资者根据批准外商投资企业的合同（章程）的规定实际缴付的出资额和企业投资总额内外国投资者以自己的境外自有资金实际直接向企业提供的贷款"。统计口径在 2001 年发生了变化，从 2001 年起，实际利用外资额包括实际利用外商直接投资金额和实际利用外商其他投资金额两项。"实际利用外商直接投资金额"包括实际利用合资经营企业、合作经营企业、外资企业、外商投资股份制企业四类企业的外商直接投资金额。"实际利用外商其他投资金额"则包括实际利用对外发行股票、国际租赁、补偿贸易、加工装配金额。

其中，外商直接投资（FDI）指外国投资者在我国境内通过设立外商投资企业、合伙企业、与中方投资者共同进行石油资源的合作勘探开发以及设立外国公司分支机构等方式进行投资。外国投资者可以用现金、实物、技术等投资，还可以用从外商投资企业获得的利润进行再投资。外商其他投资指除对外借款和外商直接投资以外的各种利用外资的形式。

表 3 - 7 展示了我国 2001—2012 年实际利用外资金额的结构变化。从实际利用外商直接投资金额来看，实际利用外资企业外商直接投资金额占比最高，2001 年即达到 50% 以上，且持续提升至 78% 左右，是我国外商直接投资的最主要形式。其次为实际利用合资经营企业外商直接投资金额占比，但该比值从 2001 年的 33.57% 逐步下降到 2012 年的 19% 左右。实际利用合作经营企业外商直接投资金额占比从 2001 年的 13.25% 持续下降到 2012 年的 2% 左右，实际利用外商投资股份制企业外商直接投资金额占比则未有明显变化。因此，我国外商直接投资主要来源于外资企业的 FDI 形式，合资经营和合作经营企业的 FDI 逐渐降低。

表 3 - 7　我国实际利用外资金额结构变化趋势（2001—2012 年）

单位：亿美元、%

年份	实际利用外商直接投资金额	实际利用合资经营企业外商直接投资金额占比	实际利用合作经营企业外商直接投资金额占比	实际利用外资企业外商直接投资金额占比	实际利用外商投资股份制企业外商直接投资金额占比
2001	469	33.57	13.25	50.93	1.13
2002	527	28.42	9.59	60.15	1.32
2003	535	28.77	7.17	62.39	0.61
2004	606	27.03	5.13	66.34	1.28
2005	603	24.23	3.04	71.22	1.52
2006	630	22.81	3.08	73.44	0.67
2007	748	20.86	1.89	76.59	0.66
2008	924	18.74	2.06	78.27	0.93
2009	900	19.19	2.26	76.29	2.27
2010	1057	21.28	1.53	76.58	0.61
2011	1160	18.46	1.51	78.62	1.41
2012	1117	19.43	2.07	77.10	1.41

年份	实际利用外商其他投资金额占比	实际利用对外发行股票金额占比	实际利用国际租赁金额占比	实际利用补偿贸易金额占比	实际利用加工装配金额占比
2001	30.35	3.73	0.10	65.83	30.35
2002	0.00	5.78	0.18	94.05	0.00
2003	10.44	4.90	0.27	84.44	10.44
2004	20.19	1.10	0.15	78.59	20.19
2005	4.60	3.10	0.46	91.84	4.60
2006	33.42	0.89	0.52	65.18	33.42

续表

年份	实际利用外商其他投资金额占比	实际利用对外发行股票金额占比	实际利用国际租赁金额占比	实际利用补偿贸易金额占比	实际利用加工装配金额占比
2007	11.25	5.04	0.50	83.20	11.25
2008	2.69	5.04	1.82	90.45	2.69
2009	9.15	12.99	0.73	77.13	9.15
2010	53.92	9.72	1.46	34.93	53.92
2011	55.66	0.00	3.20	41.14	55.66
2012	46.07	0.00	6.02	47.91	46.07

资料来源：中国国家统计局网站及笔者的计算。

　　从实际利用外商其他投资金额来看，实际利用补偿贸易金额占比最高，历年均值超过70%，2002年、2005年、2008年则高达90%以上，补偿贸易是外商其他投资的最主要形式。实际利用加工装配金额占比波动幅度较大，在2010年后与实际利用补偿贸易平分秋色。相对而言，实际利用对外发行股票金额及实际利用国际租赁金额占比之值都较低，也反映了我国资本市场的对外开放程度较低。

　　我国各行业外商直接投资的规模随着经济发展不断变动。如图3-10所示，2005年我国外商直接投资主要投资于制造业、房地产业、租赁和商务服务业；2012年我国外商直接投资主要投资于制造业、房地产业、批发和零售业、租赁和商务服务业。对两年进行对比可知，实际外商直接投资额2005年为603亿美元，2012年则为1117亿美元，七年间几乎翻了一番。制造业向来是外商直接投资的最主要投资行业。值得注意的是，近年来房地产业实际利用外商直接投资额大幅攀升，占全部外商直接投资的比例从2005年的9%增加到2012年的22%，制造业吸收FDI的比例则从2005年的70%降低到2012年的44%。

行业类别

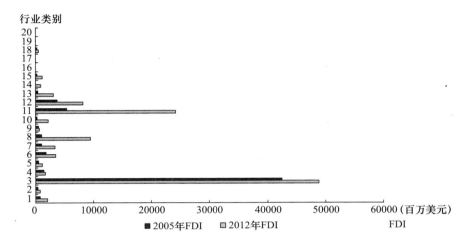

■ 2005年FDI　　□ 2012年FDI　　　　　　　　　　FDI

图 3 – 10　分行业外商直接投资额

　　注：行业类别指的是《国民经济行业分类》（GB/T 4754—2002）中三次产业下的 20 大行业门类。分别是：1—农林牧渔业，2—采矿业，3—制造业，4—电力、煤气及水的生产供应业，5—建筑业，6—交通运输、仓储及邮政业，7—信息传输、计算机服务和软件业，8—批发和零售业，9—住宿和餐饮业，10—金融业，11—房地产业，12—租赁和商务服务业，13—科学研究、技术服务和地质勘查业，14—水利、环境和公共设施管理业，15—居民服务和其他服务业，16—教育，17—卫生、社会保障和社会福利业，18—文化、体育和娱乐业，19—公共管理和社会组织，20—国际组织。

　　资料来源：中国国家统计局网站年度数据。

（二）中国外债和偿债能力的变化

　　在外部融资系统，外商投资是国际资本流入的重要来源。此外，外债和外汇储备的增加也推动我国金融发展规模的扩大，在不同时期促进我国的经济增长。我国的外债规模不断攀升，1985 年为 158.3 亿美元，1995 年超过 1000 亿美元，2013 已高达 8631.7 亿美元。与此同时，外债期限结构也不断变动。如图 3 – 11 所示，1985—2000 年，中长期债务的比例从 60% 左右上升到 90%，占据外债的绝对份额。而自 2001 年加入世界贸易组织开始，我国金融国际化进程加快，中短期债务的比例连年攀升，从 2001 年的 40% 上升到 2012 年的 78%。短期债务比例的上升是外部融资系统发展加速的重要体现。

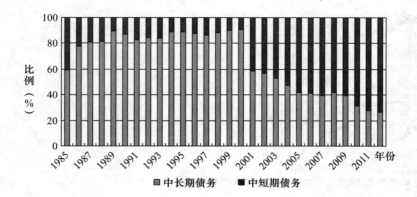

图 3 – 11　1985—2012 年我国中长期和中短期外债余额比例

资料来源：中国国家统计局网站年度数据。

　　我国外债的主要资金来源为外国政府贷款、贸易信贷、国际金融组织贷款、国际商业贷款四个类别。随着我国金融国际化进程的加速，我国的外债结构也相应地发生变化。由图 3 – 12 可知，十多年来，国际商业贷款是我国外债的主要资金来源，其所占外债比例由57% 略微下降到 51%。贸易信贷比例大幅上升，从 2001 年的 13% 上升到 2012 年的 40%，进一步体现了加入世界贸易组织对我国国际贸

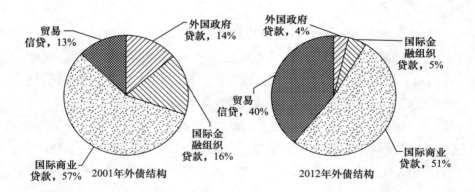

图 3 – 12　2001 年和 2012 年外债资金来源结构

资料来源：中国国家统计局网站年度数据。

易的影响力。外国政府贷款和国际金融组织贷款所占比例之和从 2001
年的 30% 下降到 2012 年的不足 10%，体现了我国国内金融实力的
增强。

　　外债的增加一方面有利于我国的金融发展，另一方面则有可能增
加我国在债务方面的金融风险。偿债能力是考察一国金融风险的重要
指标。国际上常用的关于偿债能力的指标主要包括国家外债偿债率、
国家外债负债率、国家外债债务率。国家外债偿债率为当年外债付息
额与当年货币和服务项下外汇收入的比值，警戒线为 20%。根据中国
国家统计局网站的数据计算，1985—2012 年，我国的国家外债偿债
率均值为 6.43%，并在 2000 年后全部低于 10%，2012 年仅为 1.60%
（见表 3 - 8）。国家外债负债率是外债余额与国民生产总值的比值，
警戒线为 20%。我国的国家外债负债率呈现先升后降的倒"U"形趋
势，近五年在 10% 左右徘徊。国家外债债务率是指年末外债余额与当
年货币和服务贸易外汇收入的比值，警戒线为 100%。我国的国家外
债债务率在 1988—1993 年接近警戒线，2003 年以来则全部低于
50%。因此，虽然自改革开放以来我国的外债余额快速上升，但外汇
收入和国民生产总值的上升速度相对更高，从而我国的偿债能力并未
出现超过警戒线的状态。

表 3 - 8　　　　　　　中国外债偿债能力趋势变化　　　　　　单位：%

年份	国家外债偿债率	国家外债负债率	国家外债债务率
1985	2.70	5.20	56.00
1986	15.40	7.30	72.10
1987	9.00	9.40	77.10
1988	6.50	10.00	87.10
1989	8.30	9.20	86.40
1990	8.70	13.60	91.60
1991	8.50	14.90	91.90
1992	7.10	14.40	87.90
1993	10.20	13.60	96.50

续表

年份	国家外债偿债率	国家外债负债率	国家外债债务率
1994	9.10	16.60	78.00
1995	7.60	14.60	72.40
1996	6.00	13.60	67.70
1997	7.30	13.70	63.20
1998	10.90	14.30	70.40
1999	11.20	14.00	68.70
2000	9.20	12.20	52.10
2001	7.50	15.30	67.90
2002	7.90	13.90	55.50
2003	6.90	13.40	45.20
2004	3.20	13.60	40.20
2005	3.10	13.10	35.40
2006	2.10	12.50	31.90
2007	2.00	11.10	29.00
2008	1.80	8.60	24.70
2009	2.90	8.60	32.20
2010	1.60	9.30	29.20
2011	1.70	9.50	33.30
2012	1.60	9.00	32.80
均值	6.43	11.95	59.87

资料来源：中国国家统计局网站及笔者的计算。

需要指出的是，近年来我国地方政府债务风险累积值得警惕。截至 2015 年年末，地方政府债务余额约为 16 万亿元，比 2014 年年末增长了 3.9%，债务规模不断攀升。化解地方政府债务风险的方式有多种，如新型的 PPP 模式、地方政府债务置换等。其中，债务置换已于 2015 年正式实施，取得了一定的效果。2015 年，财政部下达了三批置换债券额度，共 3.2 万亿元，此批地方政府债务借此展期，转换成中长期债务；2016 年又会有数万亿元的债务将到期，很大可能也会以同样的思路予以置换。通过债务置换，一是可以降低当下利息负担，在一定程度上延长了地方政府偿还债务的周期，有效解决了短期流动性问题；二是有利于优化债务结构，延长久期，改善债务可持续性；三是债务置换可提高存量债务的透明度，便于对地方政府存量债务进行监督，也有利于向规范透明的预算管理制度转变，推动我国财税体制改革。然而，债务置换有利也有弊。所有到期的债务都通过置换而展期，虽然降低了利息支出，将当下的压力分摊给了未来，但这只是变更了债务形式，并未减少债务余额。这必然给未来带来巨大的偿还压力和风险，也极大地挤压了未来举债的空间。进行债务置换，只能分摊风险，不能降低风险，地方政府债务风险的累积仍值得高度警惕。

第二节　中国金融监管体系的发展

一　中国金融监管的必要性

改革开放后，在我国金融体制改革的不断深化过程中，金融监管机制的发展和金融监管法律框架的制定完善是重要环节。本节对改革开放以来我国的融资规模、融资质量和融资环境进行描述性统计，通过数据计算和分析说明中国金融监管的必要性，为后续分析中国金融监管机制的发展和中国监管法律框架的完善提供背景介绍。

（一）融资规模变化

前文已对我国间接融资、直接融资、外部融资系统的发展历程进行了概述，本节进一步通过融资规模的部分指标分析我国金融系统融资规模的变化，由此说明我国金融监管的必要性。

由表 3-9 可知，我国金融机构的贷款额和存款额逐年提升，且存款额提升幅度相对更大，体现为贷款与存款的比重从 1990 年的 1.302 下降到 2012 年的 0.687，流动性较为充足，但贷款以外的其他资产对流动性的影响不能得到体现。观察贷款占 GDP 比重的数值可知，我国金融机构贷款规模波动上升，庞大的融资规模必然伴随融资质量提升的风险，因此，我国金融监管机制在 1990 年后也逐步发展，金融监管的法律框架不断完善和调整。

表 3 - 9 中国金融机构融资规模变化

年份	贷款额（亿元）	存款额（亿元）	贷款/存款	贷款/GDP
1990	15166.4	11644.8	1.302	0.812
1991	18044.0	14864.1	1.214	0.828
1992	21515.5	18391.7	1.170	0.799
1993	26461.1	23230.3	1.139	0.749
1994	39976.0	40502.5	0.987	0.829
1995	50544.1	53882.1	0.938	0.831
1996	61156.6	68595.6	0.892	0.859
1997	74914.1	82390.3	0.909	0.949
1998	86524.1	95697.9	0.904	1.025
1999	93734.3	108778.9	0.862	1.045
2000	99371.1	123804.4	0.803	1.002
2001	112314.7	143617.2	0.782	1.024
2002	131293.9	170917.4	0.768	1.091
2003	158996.2	208055.6	0.764	1.171
2004	178197.8	241424.3	0.738	1.115
2005	194690.4	287169.5	0.678	1.053
2006	225347.2	335459.8	0.672	1.042
2007	261691.0	389371.2	0.672	0.985
2008	303395.0	466203.0	0.651	0.966
2009	399685.0	597741.0	0.669	1.172
2010	479196.0	718238.0	0.667	1.193
2011	547947.0	809368.0	0.677	1.159
2012	629906.6	917368.0	0.687	1.169

资料来源：根据有关年份《中国金融统计年鉴》《中国统计年鉴》及笔者的计算。因《中国统计年鉴》的统计口径变化，金融机构贷款与存款额 1996—2011 年来自金融机构信贷资金平衡表，1990—1995 年来自国家银行信贷资金平衡表。

从直接融资系统来看，自 1990 年上海证券交易所和 1991 年深圳证券交易所建立以来，中国的股票市值与 GDP 的比波动变化。从 1992 年波动上升到 2000 年，1992 年的股票市价总值仅为 1048 亿元，

2000 年已提升到 48091 亿元，高达 1992 年股票市价总值的 45 倍以上，接近当年 GDP 规模的 50%，虽然中国融资系统仍以间接融资为主，但该时期直接融资系统的发展也引人注目。此外，1997 年亚洲金融危机并未对中国直接融资系统产生明显负面影响。2000—2005 年，中国的经济增长进入快速发展阶段，GDP 规模不断提升，但中国股票市价总值却从 2000 年的 48091 亿元波动下降至 2005 年的 32430 亿元，从而导致中国股票市值与 GDP 之比持续下滑。2007 年达到近 20 年的峰值 327141 亿元，超过当年 GDP 总规模的 23%。但 2008 年美国次贷危机引发全球金融危机，2008 年的中国股票市值与 GDP 之比大幅下调，在经过"四万亿"投资的强刺激后，2009 年大幅回升，但仍然受制于金融危机造成的负面效应，随后几年中国股票市值与 GDP 之比重逐渐回落，只接近 2000 年的水平。

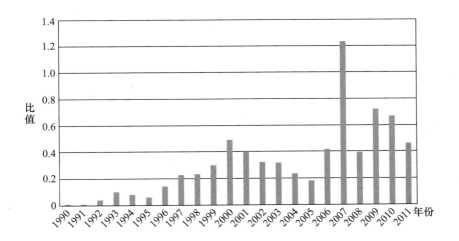

图 3 - 13　中国股票市值/GDP 的趋势变化

资料来源：《中国金融统计年鉴》和《中国统计年鉴》。

前文已表明，我国直接融资相对于间接融资系统的发展较为滞后，融资渠道多集中于间接融资。中国股票市场的发展在一定程度上缓解了我国的融资需求，但其剧烈波动、极易受到国际资本市场冲击和影响的特征对中国的金融监管提出了更高要求。从整体来看，融资规模相对而言体现出直接融资和间接融资规模不断加大，这将削弱我国的金融稳定性。

（二）融资质量变化

伴随间接融资系统和直接融资系统融资规模的不断提升，融资质量问题也日益凸显，融资质量不佳引发的金融风险是导致诸多金融危机的导火索，因此，对我国的融资质量做出基本判断，能够很大程度上反映我国金融监管的必要性。本节将通过银行业不良贷款水平和资本充足率来考察我国融资质量的变动趋势。

由表3-10可知，自1990年起，伴随我国银行业金融机构融资规模的持续上升，不良贷款率也逐年递增，1999年高达39%，不良贷款额占GDP的比重也达到峰值28%，这为金融监管敲响了警钟。1999年，我国陆续成立中国长城资产管理公司、中国东方资产管理公司、中国华融资产管理公司、中国信达资产管理公司四大资产管理公司。资产管理公司通过其专业化优势和国有特殊法律地位，分阶段接管各大国有商业银行存在的不良资产，并综合采用债务追偿、资产置换、租赁、转让与销售，债务重组及企业重组，债权转股权，资产证券化等手段，实现不良资产价值回收的最大化，最大限度地保全国有资产。由表3-10的数据也可知，1999年后我国银行业金融机构的不良贷款率及不良贷款额占GDP的比重从峰值逐年回落，到2011年不良贷款率已降至1.1%，不良贷款额占GDP的比重也稳定在0.01。这意味着1999年后我国经由四大国有资产管理公司对国有商业银行的不良资产进行收购和处置，在剥离银行业不良贷款方面取得了显著成效。此举对化解当时的金融风险、深化金融体制改革具有十分重要的意义，同时对2005年后各大国有商业银行的成功上市奠定了坚实基础。

作为信贷持续强劲增长后通常会出现的情况，一些资产质量已经开始恶化，即使从历史水平来看，不良贷款率仍然较低。虽然许多国家一直在积极采取更严格的减值贷款认定标准，对某些情况下的资产重组做法和不良资产的宽松定义的担忧仍然存在。低估资产的质量问题产生的风险在中国显得尤为突出。尽管资产负债表扩张和不良贷款

表 3 - 10   我国融资质量变动趋势

年份	不良贷款率（％）	不良贷款额/GDP	资本充足率（％）
1990	10.00	0.08	6.24
1991	12.00	0.08	5.69
1992	15.00	0.12	4.86
1993	20.00	0.15	4.01
1994	20.00	0.13	4.38
1995	22.00	0.14	3.75
1996	24.40	0.16	3.85
1997	27.00	0.18	3.71
1998	35.00	0.25	7.01
1999	39.00	0.28	6.89
2000	29.18	0.20	5.51
2001	25.37	0.17	5.51
2002	26.10	0.18	5.41
2003	19.74	0.14	5.97
2004	15.57	0.10	6.67
2005	10.12	0.05	7.77
2006	7.50	0.05	8.00
2007	6.70	0.05	8.40
2008	2.40	0.02	12.00
2009	1.60	0.01	12.20
2010	1.60	0.01	12.71
2011	1.10	0.01	13.25

　　资料来源：因数据缺失较多，1994—2005 年不良贷款率及不良贷款额参考施华强（2005）的研究，2005—2011 年的数据来自《中国银监会年报》，1990—1993 年的数据则依据新闻资讯[1]推算。资本充足率，1990—2000 年参考王晓枫（2003）的研究，2007—2011 年的数据来自《中国银监会年报》，2001—2006 年的数据由新闻资讯[2]，达标资产占比、达标银行数量，以及中国银行、工商银行的相应趋势进行推算。

　　① 《中国银行业不良资产又上升，经济起落银行再埋单》，网易，2005 - 08 - 10，http：//money.163.com/05/0810/11/1QPPVS1600251HHD.htm。
　　② 《从 4% 到 12%，我国商业银行资本充足率稳步提高》，和讯银行，2013 - 06 - 17，http：//bank.hexun.com/2009 - 09 - 09/121016879.html。

率温和回升，银行的资本水平仍然普遍充足。然而，在不同地区，有相当一部分银行可能并未准备好吸收负面冲击带来的损失。如果经济增长表现令人失望，或者需要额外资本来为快速扩张的资产负债表提供资金，即使相对较高的资本充足率也可能处于压力之下。

我国银行业金融机构绝大部分收益主要来自存贷款利差，因此贷款规模的扩大必然伴随贷款质量风险的提高，对资本充足的要求也较高，但资本充足率从1990—1997年持续下降。随后经历1997年亚洲金融危机，出于审慎性考虑，中国银行业金融机构的资本充足率有所回升，但仍然波动下降。中国人民银行对各商业银行的资本充足率要求虽然不利于各银行收益的稳定，使各大银行面临巨大挑战，但有助于控制金融风险，提高中国金融体系的稳定性，并且促进中国银行业的转型升级。

巴塞尔委员会指出，市场变量的波动导致了银行的市场风险提示，具体表现为银行的表内或表外头寸在被清算成冲抵之前遭受较大的价值损失。资本充足率是资本总额与加权风险资产总额的比例，反映了银行在面临市场风险时，能够以自由资本承担损失的能力和程度。按照中国人民银行的规定，核心资本和附属资本构成我国商业银行的资本。其中核心资本包括实收资本、资本公积、盈余公积以及未分配利润；附属资本包括贷款呆账准备、坏账准备、投资风险准备以及5年期以上的长期债券。扣减项主要包括在其他银行和非银行金融机构中的投资、呆账损失尚未冲销部分等。为改变以存贷差为主要盈利手段的单一盈利模式，中国人民银行参考巴塞尔协议，对我国的商业银行资本充足率提出要求，主要表现为2006年后资本充足率均在8%以上。对资本充足率的要求是对商业银行进行审慎监管的主要内容，有利于减少银行体系的不良贷款，提升我国的融资质量，提供银行体系的稳健性，同时能够有效缓解银行逐利对经济过热和金融稳定产生的巨大压力。

中国的高速经济增长伴随着不同行业的非均衡发展，同时各行业投资对贷款融资的依赖程度不同，因而导致各行业的融资质量差异较大。

由图 3 - 14 可知，制造业是我国固定资产投资额最高的行业，其次为房地产业，两大行业固定资产投资额占总固定资产投资额的62% 。除此以外，交通运输、仓储及邮政业，水利、环境和公共设施管理业的固定资产投资额占总固定资产投资额的比重接近10% ，其他行业的固定资产投资额均相对较低。然而，从投资贷款比例来看，交通运输、仓储及邮政业对贷款融资的需求最高，其次为电力、煤气及水的生产供应业，在30% 以上。而制造业和房地产业的贷款额度较高，但投资贷款比例较低。上述事实意味着银行业需密切关注其对制造业和房地产业的贷款质量风险，而交通运输、仓储及邮政业，电力、煤气及水的生产供应业则对银行业贷款融资形式的依赖程度较高。

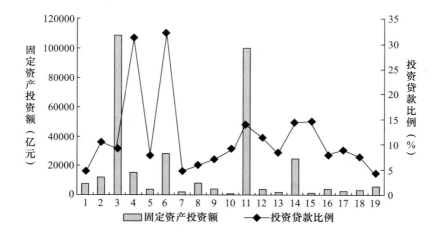

图 3 - 14　2011 年各行业投资贷款情况

注：行业类别指的是《国民经济行业分类》（GB/T 4754—2002）中三次产业下的 20 大行业门类。分别是：1—农林牧渔业，2—采矿业，3—制造业，4—电力、煤气及水的生产供应业，5—建筑业，6—交通运输、仓储及邮政业，7—信息传输、计算机服务和软件业，8—批发和零售业，9—住宿和餐饮业，10—金融业，11—房地产业，12—租赁和商务服务业，13—科学研究、技术服务和地质勘查业，14—水利、环境和公共设施管理业，15—居民服务和其他服务业，16—教育，17—卫生、社会保障和社会福利业，18—文化、体育和娱乐业，19—公共管理和社会组织，20—国际组织。

资料来源：《中国统计年鉴》、中国国家统计局网站、中国银行业监督管理委员会网站。

此外，租赁和商务服务业、居民服务和其他服务业虽然固定资产投资规模较低，但对贷款融资形式的依赖程度也较高，若这类行业的盈利状况不佳，银行业审慎监管要求将限制其向这类行业的贷款发放，从而不利于这些行业的发展，或转向其他不利于监管的融资渠道，则有可能加剧金融风险。

从各行业的不良贷款情况来看（见图3-15），不良贷款额最高的为制造业，这源自其固定资产投资额最庞大。房地产业的固定资产投资和国内信贷规模同样庞大，但不良贷款额却仅为制造业的1/3。两大行业的不同情形很可能是由于行业发展和盈利能力的差距，房地产价格的攀升大大推动了房地产业盈利能力的提升，而制造业在金融危机后受到国际市场大幅萎缩的负面影响其贷款违约的可能性提高。不良贷款额排名第二的为批发和零售业，与制造业相似，易遭受国际

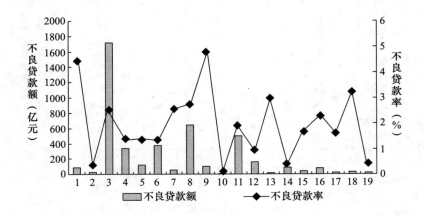

图3-15 2011年各行业不良贷款情况

注：行业类别指的是《国民经济行业分类》（GB/T 4754—2002）中三次产业下的20大行业门类。分别是：1—农林牧渔业，2—采矿业，3—制造业，4—电力、煤气及水的生产供应业，5—建筑业，6—交通运输、仓储及邮政业，7—信息传输、计算机服务和软件业，8—批发和零售业，9—住宿和餐饮业，10—金融业，11—房地产业，12—租赁和商务服务业，13—科学研究、技术服务和地质勘查业，14—水利、环境和公共设施管理业，15—居民服务和其他服务业，16—教育，17—卫生、社会保障和社会福利业，18—文化、体育和娱乐业，19—公共管理和社会组织，20—国际组织。

资料来源：中国银行业监督管理委员会网站。

金融波动的影响。从不良贷款率来看，住宿和餐饮业、农林牧渔业的不良贷款率遥遥领先，接近5%，虽然这两个行业的贷款规模并不大，但也应当引起银行业审慎监管的足够重视。与此相似的行业包括信息传输、计算机服务和软件业，科学研究、技术服务和地质勘查业，文化、体育和娱乐业。不良贷款额和不良贷款率均较低的行业包括采矿业，金融业，水利、环境和公共设施管理业，公共管理和社会组织等行业。

中国银行体系转型变革在一定程度上也增加了银行风险。当前，中国银行体系正处于促进金融竞争、满足经济结构转型的关键期。从长远来看，金融改革有利于商业银行扩大自主经营权和加快金融创新；但是短期来看，这也会对商业银行的盈利能力带来挑战。一方面，利率市场化使银行体系为了竞争需要提高存款利率的动机不再有阻碍因素，但也迫使银行将资产更多地投向高风险领域来消化负债成本压力，银行整体的信用风险水平将趋于上升。另一方面，银行体系很可能更为依赖非核心负债，主要表现为增加来自金融市场的短期负债，而在资产端可能会转向依赖资产证券化摆脱不利竞争地位，流动性管理的难度将增加，银行体系的资产质量风险有向整个金融体系扩散的可能。

鉴于不同行业对贷款融资的依赖程度不同，贷款规模存在巨大差异，不良贷款额和不良贷款率也体现出不同类型，金融监管需针对不同行业做出具体的政策设计和适时调整，以便在推动产业发展的同时，保障我国的金融系统稳定性。

（三）融资环境变化

融资环境影响不同融资依赖程度企业或行业的融资规模和银行业金融机构发放贷款的融资质量，因此，良好的融资环境对金融监管机制的改革和金融监管法律框架的改善而言，具有十分重要的价值。

货币供应量与GDP的比值反映了一国的经济金融化程度，体现了一国金融发展的规模，图3－16和表3－11展示了我国自1990年以来的M2货币供应量变化趋势以及GDP变化趋势。我国的货币供应量自1990年以来其增速就超过GDP增速，1996年即超过GDP，货币供应

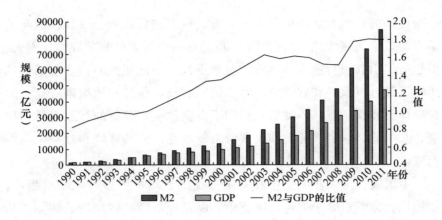

图 3 – 16　中国货币供应量趋势

资料来源：《中国统计年鉴》《中国金融统计年鉴》及笔者的计算。

量是 GDP 的 1.069 倍，该值在 2003—2008 年有所下调，2011 年货币供应量是 GDP 的 1.801 倍。部分经济学家认为，我国货币供应量持续高于 GDP 增长所形成的"超额货币"，会被伴随市场化改革的货币化所吸收。中国 M2 与 GDP 的比值逐年攀升，部分原因在于我国的统计制度发展。过去我国统计 GDP 时主要统计包括物质部门而不包括服务业的实体经济，所以，当工业化进程加快，第三产业发展比例得以提升时，货币供应量很快就超过当时的 GDP 规模，即在统计角度上超出了实体经济的需求，形成所谓货币超发现象。但实际上，货币供应不仅是满足实体经济的需要，还需满足服务业及金融市场的需要。

此时，中国的 M2/GDP（见表 3 – 11）远远高于美国等发达国家，实际上也反映了我国资本市场的不发达。发达国家的股票市场、债券市场、货币市场的金融资产规模远远大于我国的金融资产规模，而中国的货币供应量 M2 基本体现了中国的金融资产发展规模。但是，有关货币超发对我国通货膨胀的累积效应也得到了较为一致的认同，通货膨胀对我国经济系统的投资和融资产生重大影响，是导致金融不稳定的重要因素之一，因此也提高了中国人民银行对金融进行监管和调控的要求。

表 3 - 11　　　　　　　　　　　我国融资环境变化趋势

年份	M2/GDP	一年期贷款利率变动率（绝对值）	上证指数变动系数
1990	0.819	0.000	0.000
1991	0.888	0.000	0.325
1992	0.943	0.000	0.438
1993	0.987	0.178	0.138
1994	0.974	0.079	0.183
1995	0.999	0.049	0.086
1996	1.069	0.089	0.219
1997	1.152	0.177	0.099
1998	1.238	0.180	0.054
1999	1.337	0.174	0.155
2000	1.357	0.000	0.095
2001	1.444	0.000	0.095
2002	1.537	0.092	0.054
2003	1.629	0.000	0.044
2004	1.589	0.051	0.099
2005	1.615	0.000	0.054
2006	1.598	0.075	0.204
2007	1.518	0.155	0.253
2008	1.513	0.085	0.330
2009	1.778	0.162	0.166
2010	1.808	0.070	0.078
2011	1.801	0.111	0.083

资料来源：《中国金融年鉴》、搜狐证券网站。

除 M2 和 GDP 的比值以外，利率稳定对于企业做出投资和融资决策至关重要。我国存贷款基准利率由央行按照经济运行情况进行调整，1990—2012 年一年期存款利率的调整情况见表 3 - 12。由表 3 - 12 可知：

表 3 – 12　　　　　　　　　　我国存款利率调整情况

年份	利率调整月份（调整次数）	一年期存款利率（%）
1990	4 月（1）、8 月（1）	10.08、8.64
1991	4 月（1）	7.56
1992	—	—
1993	5 月（1）、7 月（1）	9.18、10.98
1994	—	—
1995	—	—
1996	5 月（1）、8 月（1）	9.18、7.47
1997	10 月（1）	5.67
1998	3 月（1）、7 月（1）、12 月（1）	5.22、4.77、3.78
1999	6 月（1）	2.25
2000	—	—
2001	—	—
2002	2 月（1）	1.98
2003	—	—
2004	10 月	2.25
2005	—	—
2006	8 月（1）	2.52
2007	3 月（1）、5 月（1）、7 月（1）、8 月（1）、9 月（1）、12 月（1）	2.79、3.06、3.33、3.60、3.87、4.14
2008	10 月（2）、11 月（1）、12 月（1）	3.87、3.6、2.52、2.25
2009	—	—
2010	10 月（1）、12 月（1）	2.50、2.75
2011	2 月（1）、4 月（1）、7 月（1）	3.00、3.25、3.50
2012	6 月（1）、7 月（1）	3.25、3.00

资料来源：笔者根据《中国金融年鉴》数据整理。

第一，1990—2012 年的 23 年，存款利率一共只调整了 32 次，且有 8 年时间未经任何调整。这样的调整频率必然无法有效发挥利率对经济发展的传导作用，也在一定程度上体现了利率管制的低效率。第二，1998 年、2008 年利率调整的频率明显加快，且均为下行趋势，这正是对 1997 年亚洲金融危机和 2008 年美国次贷危机爆发的积极应对，希望通过降低利率刺激经济增长。第三，2007 年利率调整次数高达 6 次，从年初的 2.52% 不断提升至年末的 4.14%，旨在抑制当时可能存在的经济过热。而 2008 年利率又急速下调，以缓解金融危机带来的负面影响，保障经济持续增长。中央银行在利率管制时需要首先研究当时的经济运行情况，随着国际经济一体化的加深，这种利率管制的难度越来越大，且其时滞效应将严重影响利率作用的发挥。近几年利率调整频率的加快，一方面体现了央行进行经济研究和利率调控的能力增强，另一方面则体现了加速推进利率市场化的必要性。

银行贷款利率与存款利率的调整频率和情况基本一致，本书不再赘述。以上体现了银行利率的市场化程度较低，用于相应研究的数据质量较差。而货币市场利率相对而言其市场化程度较高，同业拆借利率的市场化始于 1996 年全国银行间同业拆借市场的建立，而全国银行间同业拆借利率（Chibor）也同时构建。而上海银行间同业拆借利率（Shibor）虽然日渐被确认为基准利率，但其于 2006 年推出，比 Chibor 的推出晚了十年。

鉴于我国的利率市场化程度相对较低，且利率市场化实施的时间也较短，对利率市场化的时间节点判断缺乏一致性。1996 年同业拆借市场的成立，2004 年 10 月 29 日存款利率下限和贷款利率上限放开、2007 年上海银行间同业拆借利率（Shibor）的运行等事件都是我国利率市场化进程中重要的环节。

理论上，利率传导的经典模式如下：货币供应量（M）变动—利率（i）变动—投资（I）变动—国民收入（Y）变动。其中，货币市场的变动推动利率发生变动。我国存贷款利率通常由中央银行直接调控，因而利率的传导表现为 i 变动—I 变动—Y 变动。当利率市场化程度较高时，货币供应量和利率应当有相关性，且呈反向变动。进一步来看，利率决定过程则是货币供应量影响货币市场利率，从而对银行基准利率产生影响。

如图 3 - 17 所示，货币供应量 M2 的增量与同业拆借利率总体上呈现反向变动，即国家干预的货币供应量和利率之间也符合理论意义上的相关性，表明我国央行进行利率干预的政策总体有效。可以明确看出的是，2007 年前后上述反向波动趋势颇为明显，而这段时期正是利率市场化加速的时期，货币供应量和利率之间的关系更为紧密，体现了利率市场化改革展现初步成效。因此，笔者认为，2007 年之后为利率市场化改革加速期，2007 年之前为利率市场化改革缓慢期。利率市场化是我国银行业近年来的重要金融政策，厘清利率市场化中利率的决定与传导机制，这对于金融稳定状况的测评具有重要意义。

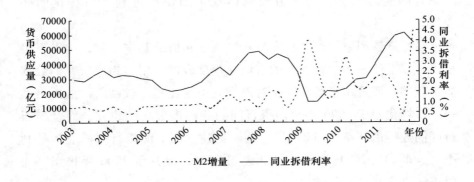

图 3 - 17　货币供应量与利率

利率市场化的效果分别体现在利率决定和利率传导机制两个过程，且利率决定和利率传导也相互影响成为一个完整的系统。图 3 - 18 中左半边表示利率决定过程，右半边表示利率传导过程。在利率决定过程中，利率由货币供应量和货币需求同时内生性地决定，同时还受到开放条件下的汇率、资本流入等的影响。更明确地说，货币市场利率不仅取决于国内的各种货币因素，还与经济的外部因素有关。当前我国货币市场利率的市场化程度有所提高，但相关经济、政策、外部因素等与利率之间尚未建立有效联系，因此上述过程需经过进一步实证检验，以判断我国利率市场化是否切实有效。在利率传导过程中，利率通过影响投资、消费、净出口来影响经济增长。在开放条件下，利率对宏观经济变量的影响不仅包括直接影响，还包括通过资本流入、汇率产生的间接影响。图3－18中实线表示利率对宏观经济变量的直接影响路径，虚线箭头表示利率对宏观经济变量的间接影响路径。最终经济增长变动引致了货币需求变动，货币需求与货币供给一起影响利率，从而完成利率决定和利率传导机制的循环。

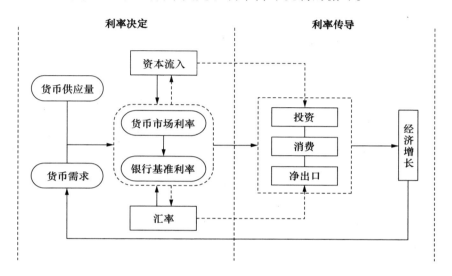

图3－18 利率市场化中利率的决定和传导机制

首先，金融市场是否有足够的广度、深度，是否足够高效，对于货币政策的传导、中央银行控制存贷款利率的能力以及利率市场化改革是否有效都具有重要影响。自1997年起，我国不断推动债券市场和银行间同业拆借市场的规范化发展。目前，金融市场的规模得到了较大发展，但金融市场的内部结构还存在问题。

其次，统一开放、有序竞争、严格管理的金融市场体系是推动货币供求均衡、推动利率市场化的保障。在这样的金融市场背景下，资金的供求才有可能通过资金融通及时调整，并且反映在利率的变动上，从而畅通的利率机制能够有效引导资金流向，实现资金的优化配置。长期以来，我国推行的利率管制和金融市场准入限制导致利率市场化改革受阻，资本市场与货币市场对利率的敏感性都较低，且两者相互联动性较差。鉴于此，推动金融市场体系的完善是解决上述问题的合理方法，从而有助于我国利率市场化改革的深入推进。

最后，为了推进利率市场化，应当推动金融市场的规模化发展，并且提高金融产品的多样化。具体而言，要合理增加金融产品的种类和发行规模，促进金融产品的开发创新。在此基础上，大力发展和规范股票市场，加快发展包括公司债券、金融债券、市政债券和证券化债券的债券市场发展，增加可供交易的金融工具，理顺利率的风险结构，从而形成一个合理的收益率曲线，推动股票和债券市场的发展，扩大市场化利率的覆盖面和权威性，鼓励银行借贷利率市场化。此外，消除资金在货币市场和资本市场间自由流动的制度壁垒，强化两个市场的联动性。如此，中央银行可以通过货币政策工具影响短期利率，然后迅速影响长期利率和利率市场中的其他利率，最终通过利率传导机制，有效发挥货币政策对经济发展的作用。

因此，中国应该进一步培育和发展金融市场。首先，要建立健全统一完善的货币市场，扩大其规模和覆盖范围，提高运行效率，以此作为整个利率市场化的切入点，形成真正反映市场资金供求状况的利率信号并最终成为中央银行能够有效调控，又能对其他金融市场和银行信贷市场的利率产生有效影响的核心金融市场。其次，要建立和规范发达的证券市场，股票市场、债券市场、票据市场、基金市场齐头并进均衡发展，要形成以机构投资者为核心的市场投资主体。最后，应该加快建立金融衍生产品市场，为利率风险的转化和分散提供手段和支持。

对于进入金融市场融资的企业而言，从银行业金融机构进行间接融资是最主要的融资渠道，因此这些企业对我国的贷款利率波动性较为敏感。表 3 - 11 提供了一年期贷款利率变动率绝对值，可发现我国的一年期贷款利率在某些年份几乎没有变化，如 1990 年、1991 年、1992 年、2000 年、2001 年、2003 年、2005 年，这主要源自利率市场化进程缓慢，如前文所说我国的利率市场化改革到 2007 年后才进入加速期。存贷款利率不随经济形势相应变动，有利于企业做出相对稳定的资金使用成本预期，但也不利于发挥利率对经济的自发调整效应，其混合作用对我国的金融稳定性产生影响。由表 3 - 11 也可知，在 1997—1999 年、2007—2009 年两个时间段，我国的一年期贷款利率变动率绝对值明显高于其他年份。两个时期恰好是亚洲金融危机和美国次贷危机的发生时期，这意味着虽然我国的利率市场化程度较低，但我国的中央银行通过调整银行基准利率，积极应对国际金融市场的波动，以保障我国金融体系的稳定性。

随着股票市场的发展，中国企业通过股票市场进行的直接融资比重也逐步增加，因此，股票价格指数的波动是我国金融监管需密切关注的金融因素。为表明股票价格指数的波动性，笔者收集了上证综合指数的日数据，以每月最后一个交易日的开盘价和收盘价均值作为本月股票价格指数的代表，并计算 12 个月股票价格指数的标准差，通过标准差除以 12 个月的均值求得历年上证综合指数的变动系数。计算结果见表 3 – 11。在经历了股票市场发展初期的前五年剧烈波动后，我国的股票市场价格指数同样在 1997 年和 2008 年前后经历了剧烈的波动，反映了国际金融危机对我国融资环境的稳定性有较大影响。

综合上述结论可知，从近年趋势来看，我国融资规模和融资环境的稳定性较低，融资质量获得了一定改善。可以说，政府对市场的干预在很大程度上提升了融资质量，促进了金融整体的稳定。由于对融资质量的界定仍然存在较大争议，所以本书的结论虽较符合金融实际表现，但可能高估了近期金融稳定程度。可以确定的是，要想提升金融稳定性，在政府力量之外通过市场因素有效改善融资质量，同时关注金融自由化进程对国内金融脆弱的影响，积极应对国际金融波动对我国融资环境的冲击。我国的金融监管机制和金融监管法律框架正是在上述背景下逐步发展、保障我国金融体系稳定性的。

中国金融监管的发展体现在金融监管机构从无到有、从集中监管到分业监管的转变，也体现在金融监管法律框架的逐步完善。

二　中国金融监管机制的发展

改革开放之前，中国实行高度集中的金融管理体制，中国人民银行是中国唯一的金融机构，因此，除中国人民银行内部的行政管理外，实际意义上的金融监管并不存在。

自 1984 年起，中国工商银行、中国农业银行、中国银行、中国人民建设银行等国有专业银行相继成立，中国人民银行逐步剥离商业银行职能，成为具有发行货币、制定和实施货币政策等职能的中央银行。该阶段，我国的金融监管为集中监管体制，由中国人民银行单一机构行使金融监管职能。

1992 年，中国证监会成立，逐步代理中国人民银行负责监督管理证券和期货市场，拉开了中国金融分业监管体制的帷幕。1998 年，中国保险监督管理委员会（以下简称中国保监会）成立，根据国务院授权履行行政管理职能，依照法律、法规统一监督管理全国保险市场，维护保险业的合法、稳健运行。2003 年，中国银监会成立，负责监督管理银行、金融资产管理公司、信托投资公司及其他存款类金融机构，维护银行业的合法、稳健运行。由此，中国当前的金融监管体制得以成形，即涵盖中国证监会、保监会、银监会"三驾马车"的金融分业监管机制，而相关金融监管职能从中国人民银行剥离，有助于货币政策保持较高的独立性，对于中国金融业的整体稳定发展至关重要。

值得一提的是，在中国金融监管发展的历程中，还有一类对中国金融稳定发挥关键作用的金融机构，即国有金融资产管理公司。1994年，中国银行业发展获得了显著进步，从国有专业银行向国有商业银行顺利转变。然而，银行业受行政干预严重导致的资源配置效率低下等问题并没有从根本上得以改变，旧有的制度性、体制性问题仍然十分严重。同时，银行业竞争逐渐加剧，仅靠中国人民银行实施的银行业监管效率也相对较低，银行业粗放式经营模式显著。换言之，当时中国间接金融的融资规模日益攀升，但融资质量不断下降，商业银行的不良资产高居不下，经营风险日益突出，亟须得到解决。为了有效化解银行业经营风险，保障中国银行业和间接融资系统的可持续发展和运行，财政部于 1998 年发行了 2700 亿元特别国债，以补充四家国有独资商业银行的资本金。1999 年，中国华融、长城、东方、信达四家国有资产管理公司成立，对应剥离中国工商银行、中国农业银行、中国银行、中国建设银行的不良资产。至 2000 年，四大金融资产管理公司基本完成了对四大国有商业银行不良资产的接收工作，为后来国有商业银行的股份制改革奠定了良好基础。

三　中国金融监管法律框架的完善

金融监管机制改革的过程是金融监管的各个机构逐步制定一系列金融监管措施、对金融风险的防范和控制能力不断加强的过程。这些金融监管措施的制定和实施也在法律上得以确立，促进了中国金融监管法律框架的完善。

1995 年，《中华人民共和国中国人民银行法》颁布，以法律形式规定"中国人民银行在国务院领导下，制定和执行货币政策，防范和化解金融风险，维护金融稳定"。同年，我国第一部关于商业银行的法律——《中华人民共和国商业银行法》颁布，该法律对商业银行的设立、对存款人的保护、贷款业务的基本规则、财务会计、监督管理、接管和终止的方面提出具体要求，因而对规范商业银行的运行、防范金融风险具有重要意义。1995 年，为了保障保险活动各参与方的合法权益，规范保险业运行秩序，加强对保险业的监督管理，我国制定了《中华人民共和国保险法》。1998 年，亚洲金融危机的爆发推动了《中华人民共和国证券法》的制定和颁布，该法的实施有利于进一步规范证券发行和交易行为，有利于保障投资者的合法权益，有利于维护社会经济秩序，推动社会主义市场经济的健康发展。2003 年，《中华人民共和国银行业监督管理法》在第十届全国人大常委会第六次会议通过，于 2004 年 2 月起实施。该法是我国颁布的第一部关于银行业监督管理的专门法律。

有关金融监管的法律在实施过程中不断依据金融发展的形势变化加以修订，例如《中国人民银行法》在 2003 年进行修订，强化了中国人民银行与制定和执行货币政策有关的职责。在此之前，中国人民银行主要审批并设立银行业金融机构和业务，审查银行业高级从业人员的任职资格等，对银行业进行直接监管；在此之后，中国人民银行更多地负责对金融业进行宏观调控，预防和化解金融风险，从而维护金融稳定。这一修订反映了金融分业监管制度的进一步推进。总而言之，金融监管相关法律的制定、修订和实施为我国金融监管工作的展开，为我国金融稳定的维护提供了有力的法律支持和保障。

第三节　中国金融稳定评估的发展

一　中国金融稳定评估项目

随着金融自由化和国际化的发展，各国金融风险日益提高，金融风暴和金融危机爆发的频率也日益增加。自 1997 年东南亚金融危机爆发后，国际组织开始关注金融稳定问题。1999 年 5 月，国际货币基金组织（IMF）和世界银行联合推出了金融部门评估规划（Financial Sector Assessment Program，FSAP）。该项目旨在加强对 IMF 成员国及地区的金融脆弱性进行评估与监测，减少金融危机发生的可能性，同时推动成员国及地区的金融改革和发展。

我国的金融稳定评估起步较晚，始于 2003 年对中国人民银行作为央行职能的调整。鉴于我国金融机构结构的逐渐完善和金融监管机制的确立，中国人民银行明确和加强了其维护金融稳定的职能。当年，在总行和分支行增设了金融稳定职能部门，且总行增设金融稳定局。综合分析和评估系统性金融风险也是中国人民银行金融稳定职能之一。2004 年，《中国金融年鉴》改革和发展"形势回顾"栏目增加了"金融稳定"这一项内容。

2003 年 7 月，我国开始按照 FSAP 的评估规则首次在国内进行了金融稳定自评估，2004 年形成《中国金融部门稳定性自评估报告》。该报告运用 FSAP 的框架和国际标准，从宏观环境、金融基础设施和金融监管等层面分析了中国金融体系的稳定状况，对影响金融稳定的重要问题，如跨市场跨行业金融风险的防范、金融稳定协调及信息共享机制等提出了相应建议。

2005 年，中国人民银行发布了首份《中国金融稳定报告》，该报告随后每年发布一次。《中国金融稳定报告》揭示了我国维护金融稳定的基本框架（见图 3 – 19），即对宏观经济、金融市场、金融机构、金融基础设施和金融生态环境四个方面进行监测和分析，由此评估和判断我国的金融稳定状况，通过预防、救助、处置和对金融改革的推动来维护金融稳定。该报告的定期发布增强了我国对金融稳定问题的重视，对于我国的金融健康发展有着重要的意义。

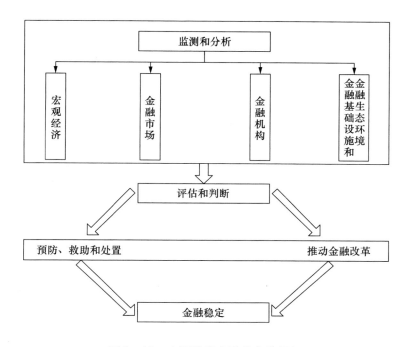

图3－19　中国维护金融稳定的框架

资料来源：2005 年《中国金融稳定报告》。

　　然而，FSAP 才是国际金融稳定的权威评估项目，相对各国自己的评估报告也具有更高的客观性和全球范围内的可比性。因此，2008年，我国领导人在国际会议上正式宣布中国将参加 FSAP 评估。2009年 8 月，国际货币基金组织和世界银行对我国正式进行首次 FSAP 评估，从国际视角审视中国金融体系的稳定性。2011 年，我国的金融稳定评估报告正式发布，主要包括两个报告：国际货币基金组织的《中国金融体系稳定评估报告》，侧重对我国金融稳定状况的分析；世界银行的《中国金融部门评估报告》，侧重对我国金融发展状况的分析。随后，FSAP 项目将对我国的金融稳定状况每五年定期开展评估和分析。

二 中国金融稳定评估结果

（一）《中国金融稳定报告》评估结果

为了加强对系统性金融风险的监测和防范、判断金融形势、及时化解金融风险、有效维护金融稳定，中国人民银行从 2005 年起，定期对中国金融体系的稳定性进行评估，每年定期发布上一年度的金融稳定评估报告。

2005—2014 年 5 月，中国人民银行共发布了 10 份《中国金融稳定报告》。每年的报告主要涉及对中国宏观经济、金融业（银行业、证券业、保险业）、金融市场（货币市场、债券市场、股票市场、外汇市场、黄金市场）、金融基础设施和金融生态环境（支付体系、法律环境、公司治理、会计标准、信用环境等）以及宏观审慎管理等几个方面的金融稳定形势回顾和分析。在主要内容之外，每年的报告还以"专题"和"专栏"的形式对当时国内外的经济金融发展形势做出描述和分析。总体而言，《中国金融稳定报告》内容翔实，广泛涉及和金融稳定相关的我国各金融领域的发展，可视为近年来国内研究中国金融稳定的最权威报告，也是了解我国当前金融稳定形势的重要参考资料。

《中国金融稳定报告》采用的主要研究形式为描述性统计和文字分析相结合，通过相关数据的趋势变化对中国金融稳定形势做出直观判断。每一期报告都重点关注报告年度的金融稳定形势，由于统计指标的变化较大，可比性相对较差。因此，对每一期报告的解读可着重于其对历年我国金融稳定状况的总体评估结果，同时，每期报告指出的需重点关注的问题或需做的主要工作也具有相对较高的参考价值。

表 3 - 13 列出了 2005—2014 年《中国金融稳定报告》的评估结果，仔细研究历年报告结果，可以发现一定的规律，对本书后续对金融稳定状况的判断有借鉴作用。

从"总体评估"结果可知，历年报告对我国金融稳定的评估结果都较为乐观，认为中国金融总体稳定或稳健。根据报告的描述，我国的金融稳定离不开金融改革的进展、金融创新的推进、金融监

表 3 – 13　　　　2005—2014 年《中国金融稳定报告》评估结果

年份	总体评估	需关注的问题或需做的工作
2005	2004 年中国金融总体稳定，历史形成的风险已经得到有效处置，金融稳定机制正在形成与完善	（1）转变经济增长方式 （2）直接融资和间接融资协调发展 （3）隐性财政赤字 （4）资金价格的管制与放松 （5）金融机构公司治理 （6）交叉性金融业务的风险监测和监管 （7）金融机构风险处置中的资金筹措与道德风险防范 （8）加强金融基础设施建设 （9）完善金融生态环境 （10）经济和金融全球化的溢出效应
2006	2005 年金融改革取得突破性进展，金融风险得到妥善处置，中国金融总体稳定	（1）全球经济失衡和石油等资源价格波动 （2）经济结构性矛盾 （3）金融结构性矛盾 （4）中国金融业面临的竞争加剧 （5）金融创新和风险防范并重
2007	2006 年金融改革取得突破性进展，金融创新迈出重大步伐，金融调控和服务功能更加完善，金融监管和法制建设不断加强，金融业对外开放水平继续提高，金融体系的稳定性进一步增强	（1）全球金融风险的溢出效应 （2）价格稳定面临潜在压力 （3）发展多层次资本市场，扩大直接融资比例 （4）建立现代金融企业制度 （5）加强金融机构创新能力 （6）加快建设农村金融体系 （7）在开放中维护金融稳定和金融安全 （8）加强金融监管，建立健全协调机制，加快建立存款保险制度
2008	2007 年金融改革、金融调控、金融监管和金融对外开放稳步推进，金融体系继续保持稳定 同时，经济金融运行中长期积累的矛盾以及国际国内的不确定因素	（1）密切关注国际经济金融形势变化 （2）完善宏观调控，防止经济结构不合理 （3）改善国际收支，建立跨境资本流动监测预警机制 （4）防止价格总水平过快上涨

续表

年份	总体评估	需关注的问题或需做的工作
2008	导致金融稳定面临挑战	（5）改进资产市场运行机制，防范资产价格大幅波动 （6）发展债券市场，切实改善融资结构 （7）加快推进金融改革和创新，增强金融机构风险管理能力和竞争力 （8）加强投资风险教育，增强投资者自我保护能力 （9）加强金融监管协调，建立健全金融安全网
2009	2008年金融改革和创新继续稳步推进，金融基础设施继续得到加强，金融体系总体稳定安全。同时，中国积极参与国际金融合作，共同维护金融稳定	（1）创造有利于金融稳定的宏观经济环境 （2）提高金融业抗风险能力和国际竞争力 （3）防范系统性金融风险 （4）改善融资结构，提升金融服务经济的能力 （5）改进金融监管制度和方法，完善金融监管体系 （6）推进金融创新，提升金融业整体竞争力 （7）推动国际金融体系改革
2010	2009年金融业改革取得积极进展，金融机构实力明显增强，金融市场运行平稳，金融基础设施建设不断加强，金融体系总体稳健	（1）推进经济结构调整和发展方式转变 （2）深化金融改革，完善多层次金融市场体系，加强金融基础设施建设 （3）改善金融机构盈利结构，提升综合实力、市场竞争力和抗风险能力 （4）加强宏观审慎管理与微观审慎监管的协调
2011	2010年金融业改革成效显著，整体抗风险能力进一步增强，金融市场平稳健康发展，金融基础设施建设稳步推进，金融体系总体运行稳健	（1）从社会融资总量的角度衡量金融对经济的支持力度，加快转变经济发展方式 （2）完善多层次金融市场体系，扩大直接融资规模，加强金融基础设施建设 （3）深化金融改革，加强行业监管，完善金融机构资本补充和约束机制，着力防范和

续表

年份	总体评估	需关注的问题或需做的工作
2011		化解重点领域潜在风险 （4）建立金融宏观审慎管理制度框架，防范系统性风险
2012	2011 年金融业改革持续深化，整体抗风险能力进一步提升，金融市场运行平稳，政府、企业和住户部门财务状况良好，金融基础设施建设稳步推进，金融体系总体稳健	（1）保持合理的社会融资规模，加大金融对实体经济的支持力度 （2）深化利率市场化和汇率形成机制等重点领域改革 （3）推进金融创新，完善监管框架，着力防范和化解重点领域潜在风险，密切关注具有金融功能的非金融机构风险 （4）健全逆周期的金融宏观审慎管理制度框架，丰富和完善政策工具和手段
2013	2012 年金融业改革持续推进，金融机构实力不断增强，金融市场快速发展，金融基础设施建设成效显著，金融服务实体经济的质量和水平进一步提升，金融体系整体稳健，但面临的国内外环境十分复杂，经济金融平稳运行与隐忧风险并存	（1）处理好稳增长、调结构、控物价、防风险的关系 （2）推进利率市场化和人民币汇率形成机制改革，优化信贷结构，提高金融服务实体经济的质量和水平 （3）发展直接融资，鼓励金融创新，努力构建品种齐全、运行高效、功能完备、规模相当、适应经济社会发展需要的金融市场体系 （4）深化金融改革，推进金融创新，改善金融机构业务结构和盈利模式，提高风险定价能力和风险管理水平 （5）加强金融监管，促进监管协调，强化重点领域的风险防控，防范风险跨行业、跨市场传递 （6）完善系统性风险监测、评估和处置机制，扎实推进存款保险制度建设

续表

年份	总体评估	需关注的问题或需做的工作
2014	2013 年金融业改革不断深化，金融机构实力进一步增强，金融市场稳步发展，金融基础设施建设继续推进，金融体系整体稳健	（1）增强宏观调控的前瞻性、针对性和协同性 （2）加快推进利率市场化，完善人民币汇率市场化形成机制 （3）加强信贷政策与产业政策的协调配合，促进重点行业结构调整 （4）建设多层次资本市场，继续优化直接融资工具，加快金融创新，优化金融结构，全面提升金融服务实体经济的能力和水平 （5）完善宏观审慎管理，加强金融监管，引导金融机构稳健经营，强化监管协调和合作，防范跨行业、跨市场风险传递 （6）加强金融机构风险处置机制建设，建立存款保险制度，完善市场化的金融机构退出机制

资料来源：笔者根据 2005—2014 年《中国金融稳定报告》整理。

管和金融设施建设的加强。2008 年的报告首次提出我国金融稳定可能面临的挑战，国内的压力来自长期形成的金融风险积累，国外的压力则来自金融对外开放所导致的金融国际联系和金融风险内溢效应增强。

从"需关注的问题或需做的工作"可知，历年报告提出的问题虽然无外乎金融市场、金融机构、金融监管、金融基础设施建设等几个主要方面，但所关注的问题从国内延伸至国际、从宏观拓展到微观、从一般措施发展到具体细节，体现了我国金融改革国际化进程的加快以及金融稳定评估和金融调控工作水平的逐渐提升。

按照每期报告所提出问题的次数，可以总结出近十年来我国金融稳定方面需关注的问题，大致可以分为六个方面：第一，宏观经济。需稳定经济增长水平、调整经济结构、控制物价水平，以此保障我国的金融稳定综合环境。第二，金融市场。需大力发展间接融资市场，建立多层次金融市场体系，从而改善金融结构。第三，金融机构。需推动金融机构的公司治理水平，提高其市场竞争力和国际竞争力。同时，需加强金融机构的金融创新和风险防范能力。第四，金融监管。需加强宏观审慎和微观审慎管理，大力推进金融监管机构之间的协调合作，防范系统性金融风险。当前金融风险管理的最新进程是存款保险制度。第五，金融开放。需认识到金融对外开放导致的对国内金融业的竞争压力和风险溢出效应。推动利率市场化和汇率形成机制的改革。第六，金融功能。需推动金融对经济的服务和支持功能有效发挥，以此带动经济结构调整和经济增长。

（二）FSAP 的评估结果

FSAP 的主要内容涵盖宏观审慎监测、宏观金融联系、金融市场监测以及宏观经济监测四个方面。宏观审慎监测主要通过采用金融稳定性相关指标和压力测试的方法来判断影响金融体系稳定性的风险程度。宏观金融联系旨在考察金融风险如何通过密切联系的金融部门和非金融部门，通过货币政策的传导机制等向宏观经济传递。金融市场监测采用早期预警系统等模型研究金融体系在受到冲击时如何作出反应。宏观经济监测考察宏观经济如何受到金融体系的影响，主要研究金融体系不稳定对国家债务问题和经济增长的影响。

2011 年，由 IMF 发布的《中国金融体系稳定评估报告》包含六个部分：（1）整体稳定性评估；（2）管理风险：更新危机工具箱；（3）加强金融部门监管；（4）升级金融基础设施；（5）拓宽金融市场和服务；（6）确定金融改革次序。六部分内容涵盖了金融体系各个方面，因此该报告十分全面，对中国的金融稳定状况做出了全面系统的描述。

总体来看，《中国金融体系稳定评估报告》的内容包括对金融结构、金融部门、金融基础设施、金融监管等方面的评估。对金融结构的评估侧重于对金融服务的效率、金融市场发达与否及发达程度的判断。对金融部门的评估主要是对银行业金融机构的规模、效率、市场竞争力等进行识别，同时考察证券市场的流动性和发展程度、保险市场的专业性和产品定价等内容。对金融基础设施的评估则研究金融相关法律、会计等基础制度是否恰当适度，是否有利于降低金融脆弱性。对金融监管的评估则通过将评估对象的实际情形与诸如《有效银行监管核心原则》等国际监管标准进行比对，判断评估对象的金融监管是否符合国际标准，是否存在相应的监管风险。

根据 2011 年的《中国金融体系稳定评估报告》，当前我国的金融体系面临着一系列风险。从短期来看，信贷扩张将恶化信贷质量，表外业务的开展和间接融资去中介化的趋势存在隐患，房地产价格逐渐逆转，经济增长模式导致的不平衡问题日益突出。从中长期来看，我国的宏观经济政策框架不够灵活，我国的政府信贷配置损害金融功能的发挥。

基于对我国金融体系稳定性的细致评估，该报告提出一系列政策建议，同时也体现出我国金融体系在这些方面的不足。具体而言，包括如下建议：

第一，推进银行和其他金融机构的商业化改革。促进利率和汇率改革，区分政策融资和商业融资机构。

第二，改善金融监管效率。开发框架监管金融控股公司、非正式金融企业等，改进银监会信贷评级机制，确定正式机制使证监会能够定期进行现场检查，为保险公司创建风险基础资本偿付机制，制定法律保护支付、衍生品、证券结算等，确保法人的信息充分、准确，改善央行与其他机构在反洗钱方面的信息共享和协调。

第三，升级金融稳定和危机管理能力。确定金融稳定常务委员会，升级数据收集系统，建立宏观审慎框架衡量和管理系统性风险，利用储备管理流动性和稳定，引进存款保险制度。

第四，开发证券市场。确保监管保护定息债券市场的开发，改善财政部和央行的债券发行政策，升级监管和回购市场框架增加市场流动性，改善银行间债券市场、上海证券交易所、深圳证券交易所的关系和效率，加强退休金系统、基金的开发。

第五，改善其他融资渠道和准入机制。促进农村和小微企业融资，改革农村信用社、提高其运行效率，对邮政储蓄银行进行公司制改革。

整体而言，中国人民银行发布的《中国金融稳定报告》和
FSAP 发布的《中国金融体系稳定评估报告》在评估内容方面都十
分全面，广泛涉及金融机构、金融市场、金融监管、金融基础设施
等重要方面。在评估技术方面，后者更为系统、专业和严谨。在评
估结果和建议方面，两者都对评估内容的不足提出了相应的建议，
前者以相对乐观的态度看待我国金融稳定状况，后者则从国际视角
更加客观地提出我国所面临的经济和金融风险，提出了更具有前瞻
性和更为细致的政策建议。《中国金融稳定报告》每年发布一期，
《中国金融体系稳定评估报告》则每五年发布一期，前者的分析和
对金融数据的统计是后者的重要依据，因此，两份金融稳定报告对
评估我国的金融稳定状况都具有十分重要的意义。然而，金融稳定
的内涵众说纷纭，对金融稳定的准确评估并非易事。除了权威部门
发布的金融稳定报告之外，社会各界的专家学者都从不同的视角对
我国的金融稳定状况进行评析，此举有利于准确把握我国的金融风
险。本书则将通过对金融发展和经济增长的关联性展开深入研究，
来评估我国近年来的金融稳定状况。

本章小结

本章系统回顾了自 1978 年改革开放以来，我国金融体系、金融
监管和金融稳定评估的发展。我国的金融体系可分为以银行业为主的
间接融资系统、以货币市场和资本市场为主的直接融资系统，以及以
外商直接投资为主的外部融资系统。从间接融资系统来看，我国银行
业的结构不断完善，从国有专业银行、国有商业银行到股份制商业银
行的发展有效扩展了我国的银行业体系。从直接融资系统来看，银行
间同业拆借市场的建立和货币市场利率的确定推动了货币市场的大力
发展，股票市场经历了较大的波动逐渐走向稳定和多层次发展，多元
化债券市场的形成符合不同阶段的金融发展要求。从外部融资系统来
看，外商直接投资和其他投资是我国引进外部融资的主要形式，引进

外资从关注数量向关注质量转变；而得益于我国对外贸易和经济增长的发展，外债规模的攀升并未导致偿债能力的恶化。金融体系的发展不可避免地导致金融风险的提升，我国的金融监管也经历了从无到有，从集中监管到分业监管的转变，金融监管法律框架也根据国内和国际形势得以逐步完善。

我国的金融稳定评估仍处于起步阶段，当前以中国人民银行的《中国金融稳定报告》和国际货币基金组织的《中国金融体系稳定评估报告》两份报告最具权威性，通过不同的研究方法和视角提出了我国金融稳定所面临的问题。

金融改革的推进是为了促进金融发展，而其间产生的金融风险难以避免。如何促进金融稳定正是当前金融改革的关注焦点。通过对我国金融体系和稳定历程的回顾，可以明确的是，随着改革开放30多年来我国经济增长的大力发展，整个金融体系也在不断完善和发展，金融和经济发展同向变动、相互交织的现象恰好为我们提供了一个研究视角，即通过对金融发展和经济增长两者的关联性来对我国的金融稳定状况进行考察。

第四章 中国金融发展指数与经济增长指数的测算

第一节 金融发展指数的构建

一 指标体系与数据说明

（一）指标体系

综合评价中筛选指标的方法主要集中为两个方面：一是基于专家评价的主观筛选法；二是基于统计学和数学方法的客观筛选法。

1. 主观筛选法

德尔菲（Delphi）法。在评价指标的筛选中，经常用德尔菲法。这是一种向专家发函、征求意见的调研方法，即评价者在所设计的调查表中列出一系列评价指标，分别征询专家的意见，然后进行统计处理，并向专家反馈结果。经过几轮咨询后，专家的意见趋于一致，从而确定出具体的评价指标体系。这种方法的优缺点都很显著，缺点就是主观性太强，缺乏客观标准，并且成本耗时高。优点是可充分利用专家的经验和学识，提高结果的可靠性。

2. 客观筛选法

一是基于相关性分析的指标筛选方法，在筛选指标时应尽量降低入选指标之间的相关性，而相关性分析就是通过各个评价指标间相关程度的分析，删除相关系数较大的评价指标，以期削弱重复使用评价指标所反映的信息对最终评价结果造成的负面影响，具体包括极大不相关法（又名复相关系数法）、互补相关新指标生成法等。

二是基于区分度的指标筛选方法，区分度是表示指标之间的差异程度，区分度越大，表明指标的特性越大，越具有对被评价对象特征差异的鉴别能力。一般采用的方法有条件广义方差极小法、最小均方差法和极小极大离差法。

三是基于回归分析的指标筛选方法，包括偏最小二乘回归法、逐步回归法等。

四是基于代表性分析的指标筛选方法，包括主成分分析法、聚类分析法等。

就上述的主观筛选法、客观筛选法而言，主观筛选法缺乏客观性，从而降低了由此构建的评价指标体系的科学性；而基于统计方法的指标筛选法都有其理论依据，但由于在综合指数评价的实践中，这些方法往往只考虑了数据本身的特征，未进行经济理论的分析，通常造成各类评价指标分布严重不均衡，而且指标体系的经济意义难以解释。例如某类经济意义非常重要的指标没有入选，而其他类别的指标却非常集中，这样的指标体系用于综合评价欠缺科学性和说服力。由此来看，综合评价指标的筛选完全依靠主观方法或者客观的统计学方法都是不科学的。单纯的主观方法选择综合评价指标往往主观随意性太强，不同的专家对代表性指标和重要性指标的看法不同，难以协调统一，而且选出的指标之间很容易存在较大的相关性，或者指标的区分度不强。而单纯运用统计学方法也会造成前述的种种问题。所以，金融发展指标体系的筛选必须采用主观和客观相结合的方法，在对金融发展理论本质认识的基础上，结合适当的统计学方法来进行筛选。

根据前文对金融发展理论研究和中国金融发展历程的分析，本书试图构建一个涵盖间接融资、直接融资、外部融资三大方面的金融发展指标体系。本书期望考察金融的波动性和金融发展的较长期特征，因此选择了季度数据为基础数据。鉴于我国金融相关数据的可得性较差，故该指标体系仅选取了包含 M2/GDP 等在内的 10 个二级指标。我国金融发展的指标体系及后续将要用到的指标名称如表 4 - 1 所示。

表 4 - 1　　　　　　　　　　　　　金融发展指标体系

一级指标	二级指标	指标名称	数据来源
间接融资	M2/GDP	DEPTH	《中国金融年鉴》、中国国家统计局网站
	国内信贷/GDP	CRED	《中国金融年鉴》、中国国家统计局网站
	贷款/存款	LOAN	《中国金融年鉴》
	银行总资产/（银行总资产＋央行总资产）	BANK	中国银监会网站、《中国金融年鉴》
直接融资	债券发行额	BOND	《中国金融年鉴》《中国证券期货统计年鉴》
	同业拆借额	Chibor	《中国金融年鉴》
	股票市价总值/GDP	SHARE	中国证监会网站、《中国金融年鉴》
外部融资	实际利用外资额	FDI	国家外汇管理局网站
	外汇储备增加额	EX	国家外汇管理局网站
	外债余额	FORC	《中国金融年鉴》、中国人民银行网站

（二）数据说明

本书中金融发展指标数据的样本区间是 1999 年第一季度至 2012 年第四季度，包含 56 个样本点。原始数据主要源自历年《中国金融年鉴》，并参考了中国证监会、中国银监会、中国人民银行、国家外汇管理局等相关金融部门的数据，各指标数据的具体来源参见表 4 - 1。

为保障后续研究的合理性及相关分析解读的正确性，以下对各指标的具体含义及处理方法做出简要说明。

1. 间接融资指标

（1）M2/GDP：常用的金融深度指标，该指标值越大，表明我国经济的货币化程度越高，金融发展水平越高。M2 的季度数据来自《中国金融年鉴》，GDP 的季度数据来自中国国家统计局网站。M2 采用原始数据，GDP 的季度数据则由原始数据的累计转换而来，后续相关 GDP 数据均按此方法得出。

（2）国内信贷/GDP：该指标值越大，表明我国的间接金融越发达，金融发展水平越高。国内信贷数据来自《中国金融年鉴》的"银行概览"或更改统计口径后的"存款性公司"，是指金融机构整体的信贷额。

（3）贷款/存款：该指标值越大，表明金融的融资功能发挥得越好，金融发展水平越高。有关金融机构贷款和存款的信贷数据，《中国金融年鉴》仅包含年度数据，而中国人民银行网站提供的月度数据仅包含近几年数据。因此，本书参考《中国金融年鉴》"存款货币银行资产负债表"，采用非金融部门债权和非金融部门负债两个变量来分别代表贷款和存款。

（4）银行资产/（银行资产+央行资产）：该指标值越大，表明我国的银行规模越大，且银行业结构更趋完善，金融发展水平越高。银行资产数据来自《中国金融年鉴》"存款货币银行资产负债表"的总资产变量，部分年度数据缺失，则由各资产项求和得出。央行资产数据来自《中国金融年鉴》的"货币当局资产负债表"的总资产变量。相关数据与中国银监会网站的数据进行了核对。

2. 直接融资指标

（1）债券发行额：该指标值越大，表明我国债券融资的规模越大，金融发展水平越高。债券发行额数据来自《中国金融年鉴》。债券包括国债、国家投资债券、政策性金融债券、其他金融债券和企业债券等。

（2）同业拆借额：该指标值越大，表明我国银行间同业市场发展规模越大，金融发展水平越高。同业拆借额数据来自《中国金融年鉴》"全国银行间同业拆借市场统计"，季度数据由每季度三个月的月度数据求均值而得。

（3）股票市价总值/GDP：该指标值越大，表明我国股票市场发展规模越大，金融发展水平越高。股票市价总值数据来自中国证监会网站的证券市场月报，季度数据由各季度末月数据表示，部分缺失数据由《中国金融年鉴》中的年度数据推算而得。

3. 外部融资指标

（1）实际利用外资额：该指标值越大，表明我国的外部融资能力越强，金融发展水平越高。实际利用外资额数据来自国家外汇管理局网站，季度数据由季度累计值转换而得。

（2）外汇储备增加额：该指标值越大，表明我国外汇吸收能力越强，金融的发展水平越高。外汇储备是指国际储备资产中的外汇部分，是以外币体现的债权。外汇储备增加额数据来自国家外汇管理局网站，季度数据由累计值转换而得。

（3）外债余额：该指标值越大，表明我国的涉外金融发展水平越高。数据来自《中国金融年鉴》的"存款货币银行资产负债表"和中国人民银行各季度货币政策报告。

在对数据进行分析之前，首先需对数据进行标准化处理，以去除数据的量纲。数据的标准化处理包括常用的正负指标法、Z 值法以及阶段阈值法（陈佳贵，2006）等多种方法。鉴于本书单个指标与系统的关系均为正向关系，不存在负向指标。因此，采用如下方法对数据进行处理，使所有数据经标准化后均处于 0—1。

$$x_i = \frac{x_{0i} - x_{\min}}{x_{\max} - x_{\min}} \qquad (4-1)$$

式中，x_i 是第 i 个指标经标准化后的数据，x_{0i} 是第 i 个指标原始数据，$x_{\max}$ 和 $x_{\min}$ 分别是原始数据序列中的最大值和最小值。

二　金融发展指数的赋权

综合指数的计算，通常采用加权求和的方式，即指标数据乘以相应的权重并进行求和，最后算出综合得分。在对指标数据进行标准化处理后，权重的确定对于综合指数的计算至关重要。

任何评价体系都无法避免指标赋权这一难题，而多指标综合评价中指标权数的合理性、准确性直接影响评价结果的可靠性。指标的赋权法有主观赋权法、客观赋权法以及建立在这两者基础之上的组合赋权三类方法。

主观赋权法是研究者根据其主观价值判断来确定各指标权数的一类方法。这类方法主要包括专家赋权法、层次分析法等。各指标权重的大小取决于各专家自身的知识结构和个人喜好。客观赋权法是利用数理统计的方法将各指标值经过分析处理后得出权重的一类方法。这类方法又分为熵值法、变异系数法、主成分分析法等。这类方法根据样本指标值本身的特点来进行赋权，具有较好的规范性。但其容易受到样本数据的影响，根据同一方法下不同的样本会得出不同的权重。简言之，客观赋权法依赖样本数据的信息，通过计算机程序获得相应的权重；主观赋权法则较大程度地依赖研究者对于指标关系的主观判断。本书同时采用客观赋权法和主观赋权法计算综合指数，一方面可以相互验证结果的可靠性，另一方面也能保障金融发展指数计算结果的稳健性。具体而言，金融发展指数的计算如式（4-2）所示：

$$FD = \alpha OFD + （1 - \alpha） SFD \tag{4-2}$$

式中，FD 指最终计算得出的金融发展指数。OFD 是指由客观赋权法计算得出的金融发展指数，SFD 是指由主观赋权法计算得出的金融发展指数。α 则是客观金融发展指数所占的权重，$1 - \alpha$ 是指主观金融指数所占的权重。α 的确定思路是：对比 OFD 和 SFD，若两者差异不大，则 α 趋近于 0.5；若两者差异较大，则根据金融发展实际情况，对相对而言更符合实际情况的金融发展指数给予更高的权重。需说明的是，由于计算方法的不同，OFD 和 SFD 的数值范围也可能不同。因此，在计算最终金融发展指数时，对 OFD 和 SFD 也进行 0—1 标准化处理，从而使 FD 处于 0—1。

（一）基于客观赋权法的金融发展指数计算

在采用客观赋权法计算金融发展指数时，本书选取因子分析法进行计算。指标体系中各指标之间存在一定的相关关系，因子分析则通过降维的方式将单个指标的信息综合为少数几个综合指标的信息，且综合指标之间相互独立，信息不重叠。具体而言，因子分析通过研究众多变量之间的内部依赖关系，提取少数几个因子来表示数据的主要信息。一般而言，因子的提取标准有两种：一是特征值大于1；二是累计方差贡献率接近80%。原始指标通常是可观测的变量，而因子一般是指不可观测的综合变量。因子分析与主成分分析类似，但也存在某些不同之处。对两者的详细解读参见林海明、林敏子、丁洁花（2004）的研究。

假设指标体系包含 p 个原始指标，根据因子的提取标准，提取了 m 个公共因子。则对于指标 X_j 而言，它可以表示为公共因子的线性函数与特殊因子 ε_j 之和。

$$X_j = b_{j1}Z_1 + b_{j2}Z_2 + \cdots + b_{jm}Z_m + \varepsilon_j, \quad j = 1, 2, \cdots, p \qquad (4-3)$$

$$B = (b_{ij})_{p \times m} = \hat{B}C, \quad \hat{B} = (\sqrt{\lambda_1}\alpha_1, \sqrt{\lambda_2}\alpha_2, \cdots, \sqrt{\lambda_m}\alpha_m) \qquad (4-4)$$

式中，b_{j1}，b_{j2}，$\cdots$，b_{jm}（$j = 1, 2, \cdots, p$）指的是因子载荷矩阵 B 中的元素。因子载荷矩阵由初等因子载荷矩阵 $\hat{B}$ 以及方差最大正交旋转矩阵 C 相乘求出。λ，α 是相应的特征值和特征向量。

因子分析计算得到的核心结果是 m 个因子的权重和得分，见式（4-4），以及总得分 Z，见式（4-5）。

$$(Z_1, Z_2, \cdots, Z_m)' = B'R^{-1}X \qquad (4-5)$$

$$Z = \sum_{i=1}^{m} (v_i/p) Z_i \qquad (4-6)$$

对经过标准化处理的数据进行因子分析，计量软件为 SPSS12.0。经由主成分法提取初始的因子载荷矩阵，相应的特征根及方差贡献率如表 4-2 所示。同时，对初始因子载荷矩阵进行方差最大化正交旋转，旋转后的因子特征根及方差贡献率等如表 4-2 右边所示，旋转因子载荷矩阵如表 4-3 所示。按照特征根大于 1 的标准，提取了 Z_1、Z_2、Z_3、Z_4 四个因子。

表 4-2　　　　　　　　因子载荷矩阵的特征根及方差贡献率

成分	初始的载荷矩阵			旋转的载荷矩阵		
	特征根	方差贡献率（%）	累积贡献率（%）	特征根	方差贡献率（%）	累积贡献率（%）
1	4.187	41.871	41.871	3.054	30.538	30.538
2	1.636	16.361	58.232	2.062	20.621	51.159
3	1.373	13.726	71.958	1.635	16.350	67.510
4	1.009	10.092	82.049	1.454	14.540	82.049
5	0.600	6.000	88.049	—	—	—
6	0.520	5.200	93.249	—	—	—
7	0.312	3.122	96.371	—	—	—
8	0.246	2.461	98.832	—	—	—
9	0.092	0.919	99.751	—	—	—
10	0.025	0.249	100.000	—	—	—

表 4 - 3　　　　　　　　　　　　旋转因子载荷矩阵

变量	因子			
	Z_1	Z_2	Z_3	Z_4
DEPTH	0.032	0.105	0.836	0.274
CRED	0.031	−0.134	0.844	−0.090
LOAN	−0.220	−0.078	−0.110	−0.931
BANK	0.203	−0.887	0.189	−0.034
BOND	0.795	−0.035	−0.191	0.131
CHIBOR	0.925	0.096	0.171	0.076
SHARE	0.527	0.645	0.295	−0.224
FDI	0.863	0.170	0.132	0.284
EX	0.446	0.579	0.027	0.349
FORC	0.504	0.670	0.076	0.478

各因子得分函数如下：

$Z_1 = 0.018DEPTH + 0.018CRED - 0.126LOAN + 0.116BANK +$
$0.455BOND + 0.529CHIBOR + 0.302SHARE + 0.494FDI +$
$0.255EX + 0.288FORC$

$Z_2 = 0.073DEPTH - 0.093CRED - 0.054LOAN - 0.618BANK -$
$0.024BOND + 0.067CHIBOR + 0.449SHARE + 0.118FDI +$
$0.403EX + 0.467FORC$

$Z_3 = 0.653DEPTH + 0.660CRED - 0.086LOAN + 0.148BANK -$
$0.150BOND + 0.134CHIBOR + 0.231SHARE + 0.103FDI +$
$0.021EX + 0.059FORC$

$Z_4 = 0.227DEPTH - 0.074CRED - 0.772LOAN - 0.028BANK +$
$0.109BOND + 0.063CHIBOR - 0.185SHARE + 0.236FDI +$
$0.290EX + 0.396FORC$

由各因子的得分函数可知，因子 Z_1 主要包含债券发行额（BOND）、同业拆借额（CHIBOR）等直接融资的信息，因子 Z_2 主要包含实际利用外资额（FDI）、外汇储备增加额（EX）等外部融资的信息，因子 Z_3 主要包含 M2/GDP（DEPTH）、国内信贷/GDP（CRED）等间接融资的信息，因子 Z_4 包含的信息相对较少，最显著的为贷款/存款（LOAN）。代入各指标的标准化数据，即可得出各个因子的得分。每一指标对应着 1999 年第一季度到 2012 年第四季度的 56 个样本，因此，每一时间点都分别对应着四个因子的得分，具体的得分情况如表 4 - 4 所示。

表 4 - 4　　　　　　　基于客观赋权法的金融发展指数

时间	Z_1	Z_2	Z_3	Z_4	Z
1999 年第一季度	0.000	− 0.195	0.162	− 0.698	− 0.141
1999 年第二季度	0.069	− 0.252	0.183	− 0.726	− 0.130
1999 年第三季度	0.078	− 0.227	0.202	− 0.730	− 0.117
1999 年第四季度	0.082	− 0.140	0.172	− 0.658	− 0.087
2000 年第一季度	0.049	− 0.128	0.143	− 0.719	− 0.113
2000 年第二季度	0.154	− 0.050	0.182	− 0.545	− 0.016
2000 年第三季度	0.155	− 0.068	0.270	− 0.607	− 0.013
2000 年第四季度	0.220	− 0.064	0.242	− 0.633	0.002
2001 年第一季度	0.232	0.003	0.344	− 0.382	0.088
2001 年第二季度	0.303	0.055	0.493	− 0.256	0.179
2001 年第三季度	0.271	0.083	0.232	− 0.278	0.119
2001 年第四季度	0.341	0.045	0.313	− 0.164	0.172
2002 年第一季度	0.253	− 0.372	0.973	− 0.442	0.116
2002 年第二季度	0.346	− 0.327	0.410	− 0.299	0.075
2002 年第三季度	0.352	− 0.343	0.453	− 0.254	0.090
2002 年第四季度	0.313	− 0.361	0.396	− 0.219	0.066
2003 年第一季度	0.343	− 0.276	0.569	− 0.209	0.135
2003 年第二季度	0.425	− 0.337	0.630	− 0.214	0.161
2003 年第三季度	0.265	− 0.343	0.441	− 0.293	0.049
2003 年第四季度	0.323	− 0.293	0.339	− 0.230	0.073
2004 年第一季度	0.362	− 0.301	0.519	− 0.168	0.133
2004 年第二季度	0.491	− 0.215	0.309	0.003	0.191
2004 年第三季度	0.406	− 0.177	0.260	− 0.031	0.153

续表

时间	Z_1	Z_2	Z_3	Z_4	Z
2004 年第四季度	0.419	− 0.031	0.323	0.124	0.234
2005 年第一季度	0.443	0.039	0.393	0.175	0.284
2005 年第二季度	0.450	0.110	0.354	0.288	0.317
2005 年第三季度	0.486	0.178	0.358	0.339	0.357
2005 年第四季度	0.521	0.185	0.282	0.415	0.370
2006 年第一季度	0.424	0.101	0.481	0.153	0.306
2006 年第二季度	0.489	0.167	0.356	0.172	0.326
2006 年第三季度	0.492	0.191	0.265	0.142	0.309
2006 年第四季度	0.722	0.364	0.385	0.281	0.487
2007 年第一季度	0.772	0.631	0.592	0.261	0.610
2007 年第二季度	0.877	0.725	0.496	0.203	0.644
2007 年第三季度	1.023	0.940	0.575	0.124	0.753
2007 年第四季度	1.306	0.967	0.533	0.217	0.874
2008 年第一季度	1.341	1.097	0.612	0.410	0.969
2008 年第二季度	1.145	1.036	0.489	0.477	0.868
2008 年第三季度	0.979	0.890	0.331	0.391	0.723
2008 年第四季度	0.826	0.614	0.394	0.399	0.611
2009 年第一季度	0.983	0.560	1.335	0.387	0.841
2009 年第二季度	1.163	0.742	0.917	0.405	0.874
2009 年第三季度	1.174	0.699	0.515	0.297	0.768
2009 年第四季度	1.325	0.692	0.526	0.376	0.838
2010 年第一季度	1.111	0.534	0.947	0.245	0.780
2010 年第二季度	1.084	0.362	0.604	0.215	0.653
2010 年第三季度	1.312	0.532	0.608	0.283	0.794
2010 年第四季度	1.444	0.731	0.647	0.508	0.940
2011 年第一季度	1.638	0.760	0.765	0.534	1.048
2011 年第二季度	1.411	0.658	0.650	0.456	0.901
2011 年第三季度	1.570	0.339	0.277	0.298	0.777
2011 年第四季度	1.240	0.084	0.809	0.247	0.688
2012 年第一季度	1.446	0.178	0.848	0.285	0.802
2012 年第二季度	1.483	− 0.028	0.673	0.165	0.708

续表

时间	Z_1	Z_2	Z_3	Z_4	Z
2012 年第三季度	1.261	-0.070	0.560	0.061	0.574
2012 年第四季度	1.270	-0.132	0.558	0.116	0.571

综合因子的得分权重是，旋转因子载荷矩阵的方差贡献率除以累积贡献率。相应的函数如下所示：

$$Z = (0.305Z_1 + 0.206Z_2 + 0.164Z_3 + 0.145Z_4)/0.820$$

基于客观赋权的金融发展指数 Z 的计算结果同样见表 4 - 4。Z_1、Z_2、Z_3、Z_4、Z 的趋势见图 4 - 1。

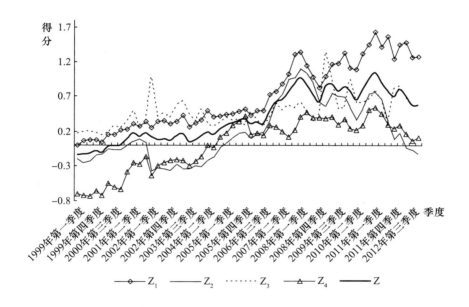

图 4 - 1 基于客观赋权法的金融发展指数的因子得分

图 4 - 1 呈现了基于客观赋权的金融发展指数趋势，即综合得分 Z 以及因子 Z_1、Z_2、Z_3、Z_4 的趋势。综合来看，综合因子 Z 得分是四个因子得分的加权平均值。具体来看，金融发展指数波动上升，从 2006 年第三季度起上升幅度明显扩大。Z_1 的趋势与 Z 最为接近，体现了第

一因子对综合因子的贡献最大。Z_2 在 2002—2005 年得分较低，2007—2010 年与综合因子趋势一致，2011 年拉低综合因子得分。Z_3 波动趋势相对平稳，但 2002 年、2009 年陡然上升并急速下跌。Z_4 各季度得分几乎都低于综合因子 Z 的各季度得分。

最后，可计算各指标的客观权重。前述计算过程可表示为

$$Z_i = a_{1i}X_1 + a_{2i}X_2 + \cdots + a_{10i}X_{10}, \quad i = 1, 2, 3, 4 \tag{4-7}$$

$$Z = (c_1 Z_1 + c_2 Z_2 + c_3 Z_3 + c_4 Z_4)/(c_1 + c_2 + c_3 + c_4) \tag{4-8}$$

$$W_{X_1} = \frac{(c_1 a_{11} + c_2 a_{12} + c_3 a_{13} + c_4 a_{14})}{(c_1 + c_2 + c_3 + c_4)} \tag{4-9}$$

将式（4-7）代入式（4-8）式中，可得各指标对应的权重。式（4-9）展示了如何计算 DEPTH 指标的权重。所有指标的客观权重计算结果如表4-5所示。

表4-5　　　　　　　　　金融发展指标的客观权重

指标	DEPTH	CRED	LOAN	BANK	BOND	CHIBOR	SHARE	FDI	EX	FORC
权重	0.112	0.089	0.012	0.043	0.101	0.125	0.122	0.131	0.125	0.139

因此，Z 值同样可以通过客观权重和相应指标数据的乘积直接求得，计算结果与上面的完全一致。

（二）基于主观赋权法的金融发展指数计算

主观赋权法要求研究者事先对各指标进行主观判断，并经由相关的检验或计算后得出权重。因此，主观赋权法得出的权重不会随着样本数据的调整而改变，一方面可以更明确地看出指标的相对重要性，另一方面在赋权时可以综合考虑指标的理论意义和数据的质量，对质量较低的数据赋予相应的较低权重。如此看来，主观赋权法虽然有较多弊端，但对于客观赋权法而言可看作是一种补充和对照。这也证实了采用两类赋权法计算的合理性。

本书采用改进的 AHP 层次分析法对金融指标进行赋权。传统的 AHP 层次分析法通常采用九标度对指标进行两两对比，例如采用1、3、5、7、9 来分别表示一个指标相对于另一个指标同等重要、稍重

要、明显重要、强烈重要、极端重要五个程度。这样的比较方式不利于研究者的主观判断，研究者难以把握指标的重要程度。此外，传统的 AHP 方法需要对所得权重进行一致性检验，如未通过检验则需重新进行主观判断，这也增加了方法的复杂性。鉴于此，李新运等（1998）借鉴心理学中的韦伯定律（Weber's Law）对层次分析法作出了较大的改进，本书即采用他们改进的三标度层次分析法进行计算。

假设某一层次存在 n 个指标，具体的三标度层次分析法步骤如下：

（1）构建主观判断矩阵

$$S = \left[s_{ij} \right]_{n \times n} \tag{4-10}$$

其中，$s_{ij} = \begin{cases} 1, & \text{指标 } i \text{ 比指标 } j \text{ 重要} \\ 0, & \text{指标 } i \text{ 与指标 } j \text{ 同等重要} \\ -1, & \text{指标 } i \text{ 不如指标 } j \text{ 重要} \end{cases}$

指标之间相对重要程度的判断标准有两个，一是对于评价目标系统而言的重要性，二是指标数据质量的高低。鉴于此，参考多名专家的意见，本书构建的主观判断矩阵如表 4-6 所示。

表 4-6　　　　　　　　　　　　　主观判断矩阵

	DEPTH	CRED	LOAN	BANK	BOND	CHIBOR	SHARE	FDI	EX	FORC
DEPTH	0	1	1	1	1	1	1	1	1	1
CRED	-1	0	1	1	1	1	1	1	1	1
LOAN	-1	-1	0	-1	1	1	-1	-1	1	1
BANK	-1	-1	1	0	1	1	0	0	1	1
BOND	-1	-1	-1	-1	0	-1	-1	-1	-1	0
CHIBOR	-1	-1	-1	-1	1	0	-1	-1	1	-1
SHARE	-1	-1	1	0	1	1	0	0	1	1
FDI	-1	-1	1	0	1	1	0	0	1	1
EX	-1	-1	-1	-1	1	-1	-1	-1	0	-1
FORC	-1	-1	-1	-1	0	1	-1	-1	1	0

（2）构建主观判断矩阵

$$F = \left[f_{ij} \right]_{n \times n} \qquad (4-11)$$

其中，$f_{ij} = e_i - e_j$，$e_i = \sum_{j=1}^{n} s_{ij}$，$e_j \sum_{i=1}^{n} s_{ij}$。

（3）构建综合判断矩阵

$$R = \left[r_{ij} \right]_{n \times n} \qquad (4-12)$$

其中，$r_{ij} = p^{(f_{ij}/f_{max})}$，$f_{max} = \max_{i,j} f_{ij}$。$p$ 为相应的调节变量，可取 3、5、7，其值的变动影响指标权重的分散程度。本书取 $p=5$。

（4）计算权重

$$w_i = r_{ij} \Big/ \sum_{i=1}^{n} r_{ij} \qquad (4-13)$$

综合判断矩阵的任意一列经过归一化处理后即获得各指标相应的权重。本书对综合判断矩阵的任意一列进行求和，而矩阵中该列元素除以该和即为指标权重。经计算，金融发展指数各指标的主观权重见表4-7。

表 4-7　　　　　　金融发展指标的主观权重

指标	DEPTH	CRED	LOAN	BANK	BOND	CHIBOR	SHARE	FDI	EX	FORC
权重	0.204	0.169	0.079	0.116	0.041	0.054	0.116	0.116	0.045	0.060

计算出金融发展指标的主观权重后，对已经标准化处理的指标数据进行加权求和则可得到基于主观赋权法的金融发展指数（见表4-8）。

表 4-8　　　　　　基于主观赋权法的金融发展指数

1999 年第一季度	1999 年第二季度	1999 年第三季度	1999 年第四季度	2000 年第一季度	2000 年第二季度	2000 年第三季度	2000 年第四季度
0.179	0.209	0.220	0.197	0.187	0.196	0.225	0.236
2001 年第一季度	2001 年第二季度	2001 年第三季度	2001 年第四季度	2002 年第一季度	2002 年第二季度	2002 年第三季度	2002 年第四季度
0.228	0.282	0.194	0.226	0.406	0.280	0.290	0.264
2003 年第一季度	2003 年第二季度	2003 年第三季度	2003 年第四季度	2004 年第一季度	2004 年第二季度	2004 年第三季度	2004 年第四季度
0.322	0.360	0.279	0.249	0.304	0.250	0.218	0.223
2005 年第一季度	2005 年第二季度	2005 年第三季度	2005 年第四季度	2006 年第一季度	2006 年第二季度	2006 年第三季度	2006 年第四季度
0.242	0.211	0.210	0.184	0.260	0.240	0.214	0.275

续表

2007 年 第一季度	2007 年 第二季度	2007 年 第三季度	2007 年 第四季度	2008 年 第一季度	2008 年 第二季度	2008 年 第三季度	2008 年 第四季度
0.345	0.337	0.373	0.395	0.430	0.355	0.274	0.259
2009 年 第一季度	2009 年 第二季度	2009 年 第三季度	2009 年 第四季度	2010 年 第一季度	2010 年 第二季度	2010 年 第三季度	2010 年 第四季度
0.571	0.488	0.378	0.408	0.500	0.400	0.419	0.454
2011 年 第一季度	2011 年 第二季度	2011 年 第三季度	2011 年 第四季度	2012 年 第一季度	2012 年 第二季度	2012 年 第三季度	2012 年 第四季度
0.519	0.444	0.379	0.476	0.529	0.471	0.409	0.425

第二节 金融发展综合指数的分析

一 金融发展综合指数的测算

根据前文所述的研究思路，获得基于客观赋权法和主观赋权法的金融发展指数后，对两者进一步加权求和，关键在于确定式（4-2）中 α 的值。

首先，观察两种方法获得的金融发展指数的趋势（见图4-2）。

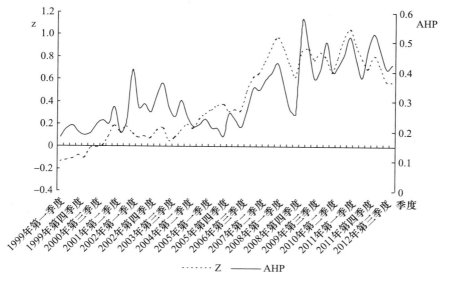

图4-2 基于客观赋权法和主观赋权法的金融发展指数趋势

Z 指基于客观赋权法的金融发展指数，AHP 指基于主观赋权法的金融发展指数。由图 4 - 2 可知，两种结果的趋势高度相似，都呈现出波动上升的态势，且金融发展水平波动明显的时间点十分契合。因此，设定 $\alpha = 0.5$。

其次，由式（4 - 2）计算金融发展综合指数，计算结果见表 4 - 9。金融发展指标的权重由客观权重和主观权重求均值而得，见表 4 - 10。根据表 4 - 10，可计算得到一级指标的权重，由此计算得出相应子指数的水平，即间接融资指数、直接融资指数和外部融资指数，计算结果不再列出。

表 4 - 9 金融发展综合指数

1999 年 第一季度	1999 年 第二季度	1999 年 第三季度	1999 年 第四季度	2000 年 第一季度	2000 年 第二季度	2000 年 第三季度	2000 年 第四季度
0.010	0.051	0.071	0.055	0.032	0.083	0.121	0.141
2001 年 第一季度	2001 年 第二季度	2001 年 第三季度	2001 年 第四季度	2002 年 第一季度	2002 年 第二季度	2002 年 第三季度	2002 年 第四季度
0.166	0.273	0.137	0.199	0.404	0.227	0.246	0.202
2003 年 第一季度	2003 年 第二季度	2003 年 第三季度	2003 年 第四季度	2004 年 第一季度	2004 年 第二季度	2004 年 第三季度	2004 年 第四季度
0.304	0.364	0.214	0.187	0.281	0.237	0.181	0.221
2005 年 第一季度	2005 年 第二季度	2005 年 第三季度	2005 年 第四季度	2006 年 第一季度	2006 年 第二季度	2006 年 第三季度	2006 年 第四季度
0.265	0.240	0.256	0.229	0.297	0.281	0.241	0.392
2007 年 第一季度	2007 年 第二季度	2007 年 第三季度	2007 年 第四季度	2008 年 第一季度	2008 年 第二季度	2008 年 第三季度	2008 年 第四季度
0.532	0.536	0.627	0.704	0.788	0.652	0.489	0.424
2009 年 第一季度	2009 年 第二季度	2009 年 第三季度	2009 年 第四季度	2010 年 第一季度	2010 年 第二季度	2010 年 第三季度	2010 年 第四季度
0.914	0.822	0.639	0.706	0.798	0.619	0.701	0.807
2011 年 第一季度	2011 年 第二季度	2011 年 第三季度	2011 年 第四季度	2012 年 第一季度	2012 年 第二季度	2012 年 第三季度	2012 年 第四季度
0.934	0.779	0.645	0.730	0.845	0.732	0.597	0.617

表 4 - 10　　　　　　　　　　　金融发展指标的权重

指标	DEPTH	CRED	LOAN	BANK	BOND	CHIBOR	SHARE	FDI	EX	FORC
权重	0.158	0.129	0.046	0.079	0.071	0.090	0.119	0.124	0.085	0.099

二　金融发展综合指数的分析

　　金融发展综合指数和三个子指数的趋势见图 4 - 3。考察该计算结果可对我国的金融发展程度变化有更清晰的认识。

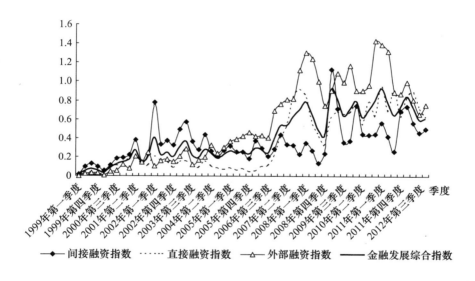

图 4 - 3　金融发展综合指数与子指数趋势

　　第一，1999 年第一季度到 2012 年第四季 56 个样本点的平均值为 0.415，其中有 24 个样本点的数值高于平均水平，且全部集中在 2007 年第一季度之后。2007 年之后，2008 年第二季度至 2008 年第四季度三个季度大幅下跌，年底几乎接近平均值，这一结果与金融危机的影响十分吻合，进一步证实了本书计算的可靠性。2007 年之前，仅有 2002 年第一季度和 2006 年第四季度两个季度的数值接近平均值，表明我国的金融发展水平在这一阶段相对较低。换言之，2007 年可能是自 1999 年以来我国金融发展的"分水岭"。

第二，对比本期与上期的数值，54 期中有 22 期数值下降，有 30 期数值上升。数值上升和下降的样本点大多持续 2—3 期，呈现相互交错的特征，这意味着我国金融发展水平波动较为频繁。在金融发展综合指数上升的季度中，2000 年第二季度、2002 年第一季度、2009 年第一季度等增幅显著高于其他季度；在金融发展综合指数下降的季度中，2000 年第一季度、2001 年第三季度、2008 年第三季度等降幅显著高于其他季度。这进一步揭示了 2001 年左右以及 2008 年左右是我国金融发展水平波动最为频繁的时期。

第三，间接融资指数发展相对平稳，近几年波动幅度较大、平均水平较高。这与前文所述较为符合，即我国银行业系统的发展自 1999 年左右起已相对成熟。直接融资系统的两阶段区分明显，在 2006 年之前金融发展水平在三个子系统中最低，自 2006 年年底大幅攀升，虽在近年来波动幅度较大，但金融发展水平已稳定在较高水平，甚至高于间接融资指数。这与 2005 年资本市场改革和 2007 年货币市场的改革密不可分。外部融资指数则呈现逐步上升的趋势，体现了我国加入世界贸易组织的影响以及金融国际化的发展。分阶段来看，1999—2001 年间接融资、直接融资、外部融资都处于较低的水平；2002—2004 年，间接融资较快发展，外部融资逐步攀升，直接融资则依然缓慢发展，三者水平依次递减；2004—2006 年，外部融资超过间接融资位居第一，直接融资依然垫底；2007—2011 年，外部融资依然强劲发展，直接融资则大力提升，接近甚至超过间接融资；2012 年，外部融资经过回调后，与间接融资、直接融资再次处于相近水平。以上结果表明，我国各金融系统历经不同阶段的金融改革进程后，从较低水平提升到了较高水平，内在结构也趋于稳定和完善。

第三节　经济增长指数的构建与分析

一　经济增长指数的构建

本书构建的经济增长指数（EG），包含两个指标——GDP、GDP

增长率。样本时间为 1999 年第一季度至 2014 年第一季度，数据来源于国家统计局网站。同样，对数据进行无量纲化处理，并经算术平均求得综合指数。计算结果见表 4 – 11。

表 4 – 11　　　　　　　　　　　经济增长指数

1999 年第一季度	1999 年第二季度	1999 年第三季度	1999 年第四季度	2000 年第一季度	2000 年第二季度	2000 年第三季度	2000 年第四季度
0.158	0.126	0.134	0.128	0.154	0.168	0.190	0.187
2001 年第一季度	2001 年第二季度	2001 年第三季度	2001 年第四季度	2002 年第一季度	2002 年第二季度	2002 年第三季度	2002 年第四季度
0.124	0.122	0.140	0.190	0.152	0.177	0.223	0.251
2003 年第一季度	2003 年第二季度	2003 年第三季度	2003 年第四季度	2004 年第一季度	2004 年第二季度	2004 年第三季度	2004 年第四季度
0.275	0.234	0.289	0.322	0.254	0.319	0.330	0.350
2005 年第一季度	2005 年第二季度	2005 年第三季度	2005 年第四季度	2006 年第一季度	2006 年第二季度	2006 年第三季度	2006 年第四季度
0.310	0.336	0.383	0.448	0.391	0.481	0.509	0.566
2007 年第一季度	2007 年第二季度	2007 年第三季度	2007 年第四季度	2008 年第一季度	2008 年第二季度	2008 年第三季度	2008 年第四季度
0.501	0.588	0.640	0.706	0.341	0.389	0.433	0.458
2009 年第一季度	2009 年第二季度	2009 年第三季度	2009 年第四季度	2010 年第一季度	2010 年第二季度	2010 年第三季度	2010 年第四季度
0.046	0.175	0.294	0.457	0.406	0.433	0.490	0.588
2011 年第一季度	2011 年第二季度	2011 年第三季度	2011 年第四季度	2012 年第一季度	2012 年第二季度	2012 年第三季度	2012 年第四季度
0.274	0.367	0.459	0.584	0.164	0.260	0.368	0.525
2013 年第一季度	2013 年第二季度	2013 年第三季度	2013 年第四季度	2014 年第一季度	—	—	—
0.161	0.272	0.404	0.570	0.150	—	—	—

二　经济增长指数的分析

1999—2014 年，我国经济处于高速发展阶段，若只观察 GDP，则经济呈明显波动上升状态，且波动性多源自季节因素。为更客观地反映经济增长状况，本书加入了 GDP 同比增速，与季度 GDP 构成经济增长指数，最终趋势如图 4-4 所示。鉴于经济增长数据的季度波动特征颇为明显，即季节因素的影响较大，因此，本书求得历年季度经济增长指数的均值，则图 4-4 同时从年度角度来展现经济增长趋势。

从年度均值来看，1999—2014 年这段时期大致可划分为三个阶段：1999—2007 年的快速上升期，2008—2009 年的突然下降期，2010—2014 年的稳定调整期。由图 4-4 可知，1999—2007 年间，除 2001 年经济增长平均水平略低于前一年，其他年份经济增长指数都不断上升。其中，2003 年、2006 年、2007 年的提升幅度显著较高。这与我国经济增长实际情况相符。自 2003 年起，GDP 增长率一直高达 10%，经济大幅上升乃至经济过热的迹象逐步显现。随着 2007 年中央经济工作会议在近年来首度确定"从紧"的货币政策和"稳健"的财政政策相结合的政策基调，经济过热现象有所缓解。更重要的是，2007—2008 年美国次贷危机突然爆发，在政策收紧和市场恶化的双重压力下，我国的经济增长进入突然下降期。最后，在"适度宽松"的货币政策和"积极"的财政政策的引导下，我国经济以较快的速度恢复增长，进入稳步调整阶段。

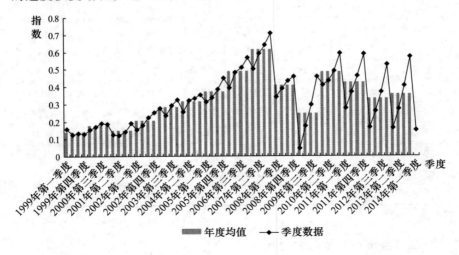

图 4-4　经济增长趋势

从季度数据来看，历年第一季度和第四季度的调整反映了经济增长的走势。2001 年、2004 年、2008—2009 年、2011—2014 年第一季度的经济增长指数都低于上年第一季度。其中 2001 年、2008—2009年、2011—2014 年第一季度处于经济下降期或调整期，而 2004 年第一季度低于 2003 年第一季度主要源于 2003 年的强劲上升趋势。由此可见，第一季度经济增长水平高于上年同期，经济增长处于上升期；反之，当年经济增长动力不足，呈现下降趋势。此外，2008 年第四季度经济增长指数明显低于上年同期，2009—2011 年、2012 年第四季度经济增长指数略低于上年同期，其他年份第四季度指数都高于上年同期，而 2008 年正是处于经济下降期，2009—2012 年处于经济调整期。相对而言，2009 年第四季度比 2008 年第四季度经济增长水平略高，虽然 2009 年均值较低，但体现了经济向上调整的迹象。换言之，第四季度经济增长水平低于上年同期时，经济增长将处于下行期，而当其再次高于上年同期时，经济已步入调整期。

以上分析表明，季度数据和年度数据相互印证、互为补充，且两者所体现的经济增长形势较符合我国实际经济发展状况，这意味着本书的经济增长指数具备一定合理性和稳健性。

本章小结

本章基于前文对已有文献的综述以及中国金融发展的历程，构建了涵盖间接融资、直接融资、外部融资三方面的金融发展指标体系。在此基础上，分别采用因子分析法和三标度层次分析法计算了金融发展指标的客观权重和主观权重，从而获得 1999 年第一季度至 2012 年第四季度的金融发展综合指数。另外，由加权求和方法计算了 1999年第一季度至 2014 年第一季度的经济增长指数。

本书拟通过研究金融发展和经济增长的关联性来判断我国金融稳定性的特征和发展态势，因此，金融发展综合指数和经济增长指数的计算为全书的实证分析奠定了重要的基础。为了实证研究的进一步展开，本章对金融发展综合指数和经济增长指数的趋势进行了简要分析，发现两者随时间变化总体呈波动上升态势。2007 年前后金融发展呈现从低到高水平的显著转换，间接融资系统、外部融资系统、直接融资系统随时间依次进入改革和发展阶段，发展进程相互交织；经济增长则呈现快速上升、突然下降和稳定调整的三阶段变化。上述对综合指数的分析为后文的实证研究和分析做出了铺垫，有助于实证研究的拓展并得出合理的实证分析结论。

第五章 基于微观比较机制的金融稳定测评

根据对金融稳定相关文献和理论的梳理，金融不稳定假说从微观方面系统研究了金融脆弱性，因此，本章基于金融不稳定假说展开分析。已有研究多从逻辑分析或数理分析角度对金融不稳定假说进行理论解析，而相应的实证研究相对较少。由于金融不稳定假说关注微观企业行为，实证检验多采用微观企业数据。需注意的是，我国企业信息披露程度较低，且平均寿命仅 2.5 年①，数据可得性和延续性都较差。因此，从微观层面对我国进行金融不稳定假说的检验较为困难。鉴于此，本书从理论解析出发，将微观视角拓展到宏观视角，采用宏观变量和我国的相关数据对金融不稳定假说进行实证检验，以期判断我国金融稳定性的特征，并对金融改革的深入实施提供一定借鉴。

第一节 金融不稳定假说解析

明斯基（1992）阐释了凯恩斯的"货币面纱论"，指出经济的发展依赖融资活动，而融资的基础在于支付承诺。在一个简化的经济体系中，只包含家庭和厂商两个部门以及银行这一中介。在 t 时刻，家庭将货币存入银行，银行则将货币借给厂商，这一流程的产生来自对厂商投资未来收益的预期；在 t + 1 时刻，厂商获得投资回报，将货币偿还给银行，而银行则将货币偿还给家庭，这一流程的产生基于厂商

---

① 《普华永道调研报告称中国中小企业平均寿命 2.5 年》，凤凰网 – 财经资讯，ht-tp：//finance. ifeng. com/news/corporate/20120428/6394743. shtml。

投资收益的实现。因此，上述两个流程的完成与否有赖于支付承诺能否兑现，而支付承诺的兑现与否则有赖于预期收益能否实现，若不能实现，则厂商出现债务问题，经济则陷入"融资困境"。根据支付承诺能否完成，明斯基将厂商划分成三类，分别是对冲型厂商、投机型厂商和庞氏型厂商，还款能力依次递减，金融风险程度依次递增。投机型厂商和庞氏型厂商的比例越大，经济体系的金融风险越高。在经济扩张期，由于过度乐观的心理，厂商的类型从对冲型向投机型转变，金融风险骤升。此时为缓解通胀压力，政府采用宏观经济政策对经济进行调节，厂商无法适应突然而至的政策调整，则很可能从投机型向庞氏型转变，金融风险进一步上升。伴随着厂商债务支付困境的不断恶化，经济也必然进入下行或衰退期。换言之，经济周期性变化导致的信贷过度扩张和厂商债务支付困境是宏观金融风险的主要诱因，且金融风险在经济的周期性变化中不断积累。此即债务—通缩理论或金融不稳定假说的主要观点。

为进一步明确金融不稳定假说中支付承诺、经济周期、金融风险等关键概念的相互关系，本书采用图表进行解析。

首先，将对未来收益的预期记为预期收益（Expectation of Profits，EP），对收益的实现记为实际收益（Realization of Profits，RP）。根据前文描述，认为金融风险（risk）与 RP 和 EP 的差距呈反向变化，如式（5-1）所示。

$$risk \begin{cases} <0, & RP > EP \\ =0, & RP = EP \\ >0, & RP < EP \end{cases} \qquad (5-1)$$

实际收益 RP 相对于预期收益 EP 越大，则表明支付承诺的实现越有可能，则金融风险越低。换言之，金融风险和 EP 与 RP 的比值成正比，而该比值可用一个正切函数值表示，见式（5-2）。

$$risk \propto EP/RP = \tan\alpha \qquad (5-2)$$

式（5-2）中，$\tan\alpha$ 的含义见图 5-1。如图 5-1 所示，纵坐标代表 t 时刻的预期收益 EP，横坐标代表 t+1 时刻的实际收益 RP，t 时刻和 t+1 时刻构成了一个融资周期 T。A、B、C、D 四个点分别代表了四个融资周期中预期收益和实际收益相结合的情况。连接 A 点与原点，可得一条射线 OA。OA 与横坐标形成的夹角即为角 α，tanα 则表示 AR 与 OR 的比值。相应地，每一种预期收益和实际收益的情况都可以表示在图中，且与原点连接获得相应的射线和角 α，tanα 则正好表示预期收益和实际收益的比值。

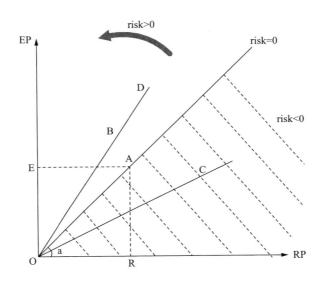

图 5 - 1　实际收益、预期收益与金融风险

图 5 - 1 中，OA 与横坐标的夹角为 45 度，tanα = 1，即实际收益等于预期收益，从而金融风险为 0。OC 与横坐标的夹角小于 45 度，tanα < 1，即实际收益高于预期收益，从而金融风险小于 0。OB 与横坐标的夹角大于 45 度，tanα > 1，即实际收益低于预期收益，从而金融风险大于 0。此外，D 点和 B 点同在射线 OB 上，从而 tanα 之值相等。因此，每一条经过原点的射线可视为金融风险程度的无差异线，同时，金融风险随着 tanα 值增大而增大，如图 5 - 1 中箭头方向所示。

明斯基所说的三种厂商类型也可体现在图 5 - 1 中。对冲型厂商能够实现支付承诺，其实际收益高于或等于预期收益，因此处于 OA

线以下三角阴影部分。投机型厂商和庞氏型厂商都难以实现支付承诺，两者的实际收益均低于预期收益，因此处于上三角区域，且庞氏型厂商相对而言离纵坐标轴更近，金融风险也更大。

由图5-1可知，预期收益和实际收益的联结点越往OA线左上方移动，其对应的金融风险越高。金融风险的变动依赖于预期收益和实际收益的相对变动。将经济运行划分为上行期和下行期，有助于更深刻地理解金融风险变动的内在机制（见图5-2）。

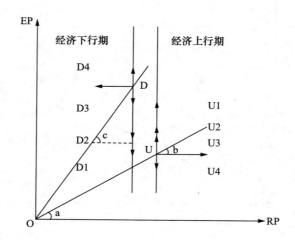

图5-2　经济上行期、下行期金融风险变化

具体而言，假设U点处于经济上行期，则预期收益与实际收益都倾向于提升。当预期收益与实际收益的提升幅度所构成的角度之正切值 $\tan b$ 等于 $\tan a$ 时，U点将沿着OA射线移动到U2点，金融风险保持不变。当预期收益与实际收益增幅之比值更高时，U点将移动到U1点，金融风险提升；当预期收益与实际收益增幅之比值更低时，U点将移动到U3点，金融风险下降。除两者同时提升的状况外，也有可能出现预期收益递减，而实际收益递增的情况，即U点向U4点移动，此时金融风险将大幅下降。同样地，在经济下行期，预期收益与实际收益都倾向于降低。当预期收益与实际收益的下降幅度所构成的角度之正切值 $\tan c$

等于 OD 射线与原点所构成的角度之正切值时，D 点将沿着 OD 射线反方向移动至 D2 点，金融风险保持不变。当预期收益与实际收益降幅之比值更低时，D 点将移动到 D1 点，金融风险降低；当预期收益与实际收益降幅之比值更高时，D 点将移动到 D3 点，金融风险提升。除两者同时下降的状况外，也有可能出现预期收益递增，而实际收益递减的情况，即 D 点向 D4 点移动，此时金融风险将大幅提升。

明斯基认为，经济主体有过度乐观的心理，在经济上行期，预期收益的提升幅度会高于实际收益的提升幅度，而在经济下行期，预期收益的下降幅度又会低于实际收益的下降幅度。因此，图 5-2 中最有可能出现 U 点向 U1 点移动，D 点向 D3 点移动。而在此机制下，金融风险在经济上行期和下行期都随之提升，从而金融风险不断积累。如图 5-3 所示，A 点处于经济上行期，实际收益和预期收益都有提升，移动至 B 点，B 点经历经济下调，实际收益下降，但预期收益的降幅相对较低，从而 B 点向 C 点移动，而非退回到 A 点。C 点经济复苏，逐渐向 D 点移动，随后再次经历经济下调，向 E 点移动。随着经济的周期性波动，A 点逐渐向 E 点移动，在此过程中，OA 向 OE 变动，金融风险逐步提升，不断积累。

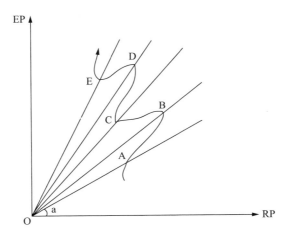

图 5-3　金融风险的积累过程

经济周期波动过程中，金融风险的变化不仅与市场力量有关，还受到政府政策的影响。明斯基认为，政府政策的相机抉择，即使预期收益和实际收益与市场情形反向变动，能够降低金融风险。经济上行期，若采用政府力量降低预期收益，并引导实际收益的下调，则图5-2中U1点将移动至U点；经济下行期，若提高预期并增加实际收益，则图5-2中D3点将移动至D点。两种情形下，政府政策的实施都降低了金融风险。但是，上述过程要求政府的相机抉择恰好抵消由市场引致的波动。当政府政策力度过低时，金融风险不能有效降低，当政府政策力度过高时，金融风险则会先降后升。此外，若经济突然遭受冲击，预期收益不变，而实际收益突然下降，则金融风险将大幅提升。

自2008年国际金融危机后，从宏观背景上看，我国经济正处于增长速度换挡期和结构调整阵痛期，中国经济增速已从高速增长转为中高速增长，中国经济发展步入"新常态"阶段。加之金融改革全面深化、互联网金融迅速发展，我国商业银行风险具有上升的可能。流动性以及利润率等有所下降，同时不良贷款率和坏账准备金率有所升高，这些都是我国银行业风险上升的表现。研究表明，银行市场的稳定程度与经济周期正相关，即经济向好时，借款企业的违约率下降，银行盈利上升，银行的信贷安全也得以增强。

第二节　微观机制实证设计

前文表明，实际收益和预期收益的相对高低决定了支付承诺能否实现，而支付承诺的实现则影响了金融风险的大小。在此基础上，金融风险随着经济的周期性波动而变化，金融风险的不断累积则标志着金融不稳定假说的成立。同时，有效的政府干预是化解金融风险的重要途径。

本书期望考察金融不稳定假说在我国是否成立，即采用我国的相关数据对上述理论机制做实证检验。需注意的是，经济主体的实际收益、预期收益等微观变量不仅缺乏明确的概念解析，而且难以获得对应的数据进行实证分析。因此，本书设置对应的宏观变量对此进行转化。

一方面，厂商的实际收益是经济产出的一部分，因此，可用经济增长（EG）变量代表实际收益；另一方面，经济主体的预期收益与融资规模紧密相关。在融资市场上，融资的需求和供给决定了均衡的融资价格和融资规模（见图5－4）。当预期收益上升时，厂商的投资动力增强，从而融资需求倾向于上升（由D1向D2变动）。同时，对经济形势的乐观估计促使银行等金融中介增发贷款，而证券市场、国际融资市场也将更有活力，由间接融资、直接融资、外部融资三大融资市场的变动推动整体融资供给水平的提升（由S1向S2变动）。因此，预期收益的提升伴随着融资规模的扩大（由Q1向Q2变动）。同样地，预期收益的下降可能导致融资需求和供给同时下降，从而导致融资规模缩小。通常融资规模的变动意味着金融发展水平的变动，因此，可用金融发展（FD）变量表征预期收益。

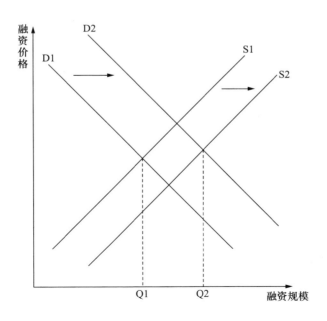

图5－4　融资供求与融资规模

根据金融不稳定假说，实际收益和预期收益的相对变化将使金融风险发生相应的变动。当采用经济增长和金融发展进行替代时，若产生与假说相似的变动模式，则意味着金融不稳定假说在我国成立。为进一步阐明金融不稳定假说的理论模式，本书结合图 5-1 至图 5-3，将上述图表式理论解析转化为公式。

$$Y_t = \alpha_0 + y_t + \mu_t = \alpha_0 + f_1(x_t)I(\Delta EG_t > 0) + f_2(x_t)I(\Delta EG_t \leq 0) + \mu_t$$
$$(5-3)$$

式（5-3）表明了金融风险变动的影响因素。金融风险的总增量 Y_t 大致源自三方面，其一是初始水平 α_0，其二是金融发展和经济增长的相对变动 y_t，其三是其他扰动因素 y_t。本书重点关注第二个方面导致的金融风险变动问题。由前文可知，金融风险的变动与金融发展和经济增长的相对变动息息相关，而对此的分析可划分为两大类情形，即经济上行期和经济下行期，分别对应着经济增长变动水平 $\Delta EG_t > 0$ 和 $\Delta EG_t \leq 0$ 的情况。因此，可将 y_t 视为一个门限函数，当经济处于上行期时，示性函数 $I(\Delta EG_t > 0)$ 的值为 1，否则为 0；当经济处于下行期时，示性函数 $I(\Delta EG_t \leq 0)$ 值为 1，否则为 0。换言之，金融风险的总增量可依据经济增长变动水平表示为一个分段函数：

$$Y_t = \begin{cases} \alpha_0 + f_1(x_t) + \mu_t, & \Delta EG_t > 0 \\ \alpha_0 + f_2(x_t) + \mu_t, & \Delta EG_t \leq 0 \end{cases} \quad (5-4)$$

其中，自变量 x_t 表示金融发展和经济增长的相对变动，计算方法如下：

$$x_t = \frac{\Delta FD/\Delta EG}{FD_t/EG_t} \quad (5-5)$$

式（5-5）右侧意味着图 5-2 中金融发展与经济增长的相对变动所构成角度之正切值与原始金融发展和经济增长联结点所在射线与横轴所构成角度之正切值的比值。以经济上行期为例，x_t 可能出现四种情况：大于 1、等于 1、处于 0—1、小于 0，分别对应着图 5-2 中 U 点向 U1、U2、U3、U4 移动的四种情形。

结合图 5-1 和图 5-2，前文的理论分析可表述成如下形式（见表 5-1）。

表 5 - 1　金融发展、经济增长的相对变动与金融风险及预警级别

经济运行状态	金融发展与经济增长的相对变动	金融风险	明斯基含义	预警级别
经济上行期（U）$\Delta EG_t > 0$	$x_t > 1$	升高	实际收益增幅低于预期收益增幅	RU Ⅱ
	$x_t = 1$	持平	实际收益增幅等于预期收益增幅	RU Ⅲ
	$0 \le x_t < 1$	降低	实际收益增幅高于预期收益增幅	GU Ⅱ
	$x_t < 0$	*降低	实际收益增加预期收益降低	GU Ⅰ
经济下行期（D）$\Delta EG_t \le 0$	$x_t > 1$	降低	实际收益降幅低于预期收益降幅	GD Ⅱ
	$x_t = 1$	持平	实际收益降幅等于预期收益降幅	RD Ⅲ
	$0 \le x_t < 1$	升高	实际收益降幅高于预期收益降幅	RD Ⅱ
	$x_t < 0$	*升高	实际收益降低预期收益增加	RD Ⅰ

注：1. * 表示金融发展与经济增长水平反方向变动。2. 预警级别含义：R 与 G 分别表示金融风险上升和下降；U 和 D 分别表示经济上行期和下行期；Ⅰ、Ⅱ、Ⅲ表示级别和程度，金融风险上升程度最高或下降程度最高时为Ⅰ级。

如表 5 - 1 所示，经济运行上行期和下行期各自对应了四种情况，其中前三种情况都表明金融发展与经济增长同向变动，第四种情况表明金融发展与经济增长反向变动。经济上行期（下行期）前三种情况对应了金融风险的升高（降低）、持平（持平）、降低（升高），第四种情况则代表金融风险的降低或（提升）幅度更为显著。基于此，本书设置了金融风险预警级别（见表 5 - 1）。金融风险上升以红灯表示，标记为 R，金融风险下降则以绿灯表示，标记为 G。金融风险上升分为三个预警等级Ⅰ、Ⅱ、Ⅲ，代表金融风险的上升幅度高、中、低。金融风险下降分为两个预警等级，Ⅰ、Ⅱ代表金融风险的下降幅度高、中。需要指出的是，本书将金融风险持平视为金融风险Ⅲ级预警，可以预见在实际计算中该情形极为罕见，因此金融风险的上升和下降通常都将呈现两种级别。为深入分析金融风险的变动情况，本书同时将预警级别划分为经济上行期和下行期两大类，分别以 U 和 D 标记。从而预警级别涵盖三方面内容，例如表 5-1 中 RUⅡ意味着金融风险在经济上行期提升，提升幅度为Ⅱ级中等。按照金融不稳定假说，经济上行期 U 向 U1 变动，对应于 RUⅡ；经济下行期 D 向 D3 变动，对应于 RDⅡ。换言之，若 RUⅡ和 RDⅡ交替出现，则金融不稳定趋势明显，金融风险不断累积。

前文表明，由金融发展与经济增长的相对变动 x_t 可判断金融风险的升降情况，y_t 是 x_t 的分段函数，但并未给出具体的函数形式。由此，似乎只能求出金融风险的预警级别，而缺乏更细致的数据信息。回顾式（5-2），金融风险正比于金融发展和经济增长的比值，假设金融风险等于该比值，则金融风险的增量 y_t 可由式（5-6）简化求得。

$$y_t = \Delta RISK_t = FD_t/EG_t - FD_{t-1}/EG_{t-1} \qquad (5-6)$$

式（5-6）表明金融风险的增量是本期金融风险与前一期金融风险之差。一方面，由此求得 y_t 可以检验表 5-1 的正确性。例如，按照表 5-1，当 $\Delta EG_t > 0$ 且 $x_t > 1$ 时，金融风险应当升高，若相应的 $y_t > 0$ 则表明表 5-1 所述合理。另一方面，可细化对金融风险的判断。预警等级只显示了五个级别，y_t 则将每一级别本身细化为无数个级别，由其对应的数据信息可进一步对金融风险做出评判。

第三节　金融发展与经济增长的相对变动分析

一　基于金融发展和经济增长比较的金融稳定判断

本章后续要研究金融发展与经济增长的相互关系，并由此对金融稳定状态进行判断。因此，在得到金融发展综合指数和经济增长指数，进行进一步实证研究之前，本节首先对两者的关系作出初步分析，并进行必要的数据处理。本书采用 HP 滤波法对金融发展综合指数和经济增长指数进行去趋势处理。

　　HP 滤波源自时间序列的谱分析方法，其实质是把时间序列视为不同频率成分的叠加，而后对这些不同的成分进行分离。一般要去除频率较低的成分，即序列的长期趋势，同时获得频率较高的成分，即短期随机波动成分，对波动成分进行分析和应用。具体而言，首先将时间序列 y_t 视为趋势成分 g_t 和波动成分 c_t 的总和：

$$y_t = g_t + c_t \tag{5-7}$$

　　其次，经式（5-8）从 y_t 中分离出趋势成分 g_t，随后通过式（5-7）即可获得波动成分 c_t。

$$\min\left\{ \sum_{t=1}^{n} (y_t - g_t)^2 + \lambda \sum_{t=1}^{n} \left[(g_{t+1} - g_t) - (g_t - g_{t-1}) \right]^2 \right\}$$

$$\tag{5-8}$$

　　式（5-8）两个部分分别是波动成分和趋势成分，其中 λ 为平滑参数，用于调节两个成分相应的权重。在 HP 滤波分析中，参数 λ 的选取对于结果至关重要。对于季度数据，通常取 $\lambda = 1600$，本书也按此惯例设置平滑参数的值。

　　本书研究金融发展和经济增长的关联性，因此，对金融发展综合指数和经济增长指数都需要进行 HP 滤波。计量软件为 Eviews8.0。下文以经济增长相应指标为例进行分析。

　　首先对两项数据进行 X12 季节调整，相应的趋势 GDP_ SA 和 GGDP_ SA 如图 5-5 所示。由图可见 1999—2013 年，GDP 持续上升，而 GDP 增长率的波动性则较大，特别是在 2008—2012 年陡降陡升，2013 年才趋于平缓。经济增长数据的上述变动隐含了数据的内在趋势，为探讨经济的周期性波动，应去除经济增长数据本身的趋势再进行分析。因此采用 HP 滤波法去除数据趋势，分离出波动成分。GDP 的波动成分 HPGDP 和 GDP 增长率的波动成分 HPGGDP 的相应趋势同样见图 5-5。由图可见两者的波动成分也存在一定差异，但相比季节调整值的差异要小得多，表明经济增长数据存在内部一致性。但

GDP 增长率的波动幅度比 GDP 的波动幅度要大得多，前者几乎是后者的四倍。

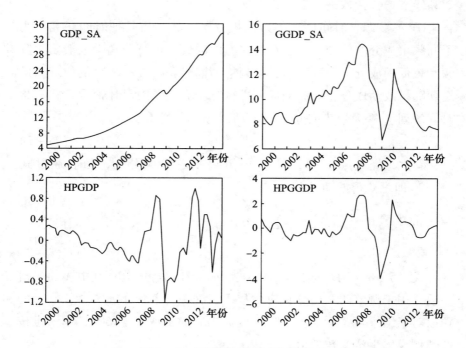

图 5 - 5　经济增长相关指标的趋势

　　GDP 代表了总量的变化，GDP 增长率则代表了速度的变化，在研究经济的周期性波动时两者的信息都十分重要。因此，本书所构造的经济增长指数具有其必要性和合理性。对经济增长指数进行 HP 滤波分析，有助于较准确地识别经济增长的运行趋势，得到波动成分 HPEG，详细结果见图 5 - 6 和表 5 - 2。

　　为判断本书的经济增长指数是否合理，采用通常的经济先行指标——制造业采购经理人指数 PMI 进行验证。经济增长指数的周期波动成分 HPEG 和 PMI 的 0—1 标准化值见图 5 - 6。由图可见，两者的趋势高度吻合，表明经济增长指数的计算具有合理性，计算结果符合经济现实。

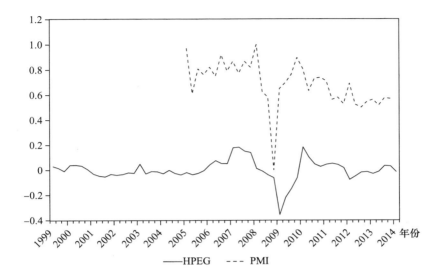

图 5 - 6　经济增长指数与制造业采购经理人指数

注：制造业采购经理人指数（PMI）数据源自中国国家统计局网站，最早公布时间为 2005 年第一季度。

同样对金融发展综合指数进行 HP 滤波处理，去除其内在趋势，得到 HPFD，相应趋势见图 5 - 7。由图 5 - 7 可知，金融发展和经济增长相互交织，内在关系复杂。因此，对两者作出相应的计算和分析是厘清两者关系、测度金融稳定的有益尝试。

按照前文所述，本章的实证计算步骤如下：第一，由加权求和获得经济增长指数 EG、金融发展综合指数 FD；第二，对 EG 和 FD 进行 HP 滤波处理，相应的 HPEG 和 HPFD 作为经济增长和金融发展水平的代理变量；第三，求得金融发展和经济增长的变动量 ΔEG 和 ΔFD，以及两者的比值；第四，计算金融发展和经济增长的相对变动 x；第五，根据表 5 - 1 判断金融风险预警级别；第六，根据式（5 - 6）计算 y，并对已得实证结果进行检验。其中第一步已于上一章完成。以上其余各步骤计算结果见表 5 - 2。

首先，根据表 5 - 2，1999—2012 年的 56 个季度区间，经济波动趋势明显，其中有 25 个季度经济呈上行状态（经济增长水平的变动

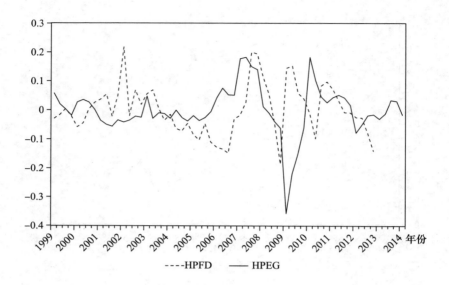

图 5 - 7　经 HP 滤波后的金融发展与经济增长指数

量 ΔEG 大于 0），30 个季度经济呈下行状态（经济增长水平的变动量
ΔEG 小于 0）。1999—2001 年，经济总体呈下行态势，仅有三个季度
ΔEG 大于 0；2002—2004 年，经济波动频繁，上行或下行的趋势均不
超过两个季度；2005—2007 年上半年，经济上行趋势明显，仅有两个
季度 ΔEG 小于 0；2007 年第三季度至 2009 年第一季度，受到美国次
贷危机的影响，经济全面下调，降幅显著；2009 年第二季度至 2012
年，在适度宽松的货币政策和积极的财政政策的引导下，我国经济
以较快的速度恢复活力，进入稳步调整阶段，ΔEG 呈上下振荡态势
且振幅逐渐减弱。金融发展的波动更为频繁，不具备类似经济增长波
动的阶段性特征。值得注意的是，2008 年第二季度至 2008 年第四季
度，金融发展水平下降，反映了市场的巨大影响；而 2009 年第一季
度金融发展水平又大幅攀升，体现了我国宏观经济政策救市效应的
发挥。

　　其次，综合经济增长水平变动量 ΔEG 以及金融发展和经济增长
相对变动 x，根据表 5 - 1 的判断准则，本书对 1999—2012 年的金融
风险预警级别进行了划分。相关结论如下：第一，27 个季度的金融风

险有所提升，占样本区间的一半，表明我国金融风险上下波动趋势明显，意味着市场和政府双重影响下金融风险整体相对平稳。第二，在处于经济上行期的 25 个季度中，仅有 9 个季度金融风险上升；而在处于经济下行期的 30 个季度中，18 个季度金融风险上升。这表明相对而言我国在经济下行期更符合金融不稳定假说，同时也意味着经济上行期政策调控更为频繁。第三，在金融风险提升的季度中，经济下行期均为 I 级预警（RD I ），呈现 II 级预警的均处于经济上行期（RU II ），一方面体现了经济下行期的金融风险更高；另一方面体现了金融发展在经济上行期和下行期都有提高的趋势。第四，在金融风险降低的季度中，经济上行期 I 级预警（GU I ）的次数显著高于 II 级预警（GU II ）次数，表明经济增长提升而金融发展下降推动了金融风险的下调。第三点和第四点意味着我国金融发展和经济增长反向变动的趋势也较为明显，体现了市场力量、政府政策的复杂影响。总体来看，我国政府的政策调控有效控制了金融风险的提升，且相对更重视控制伴随经济过热产生的风险。

最后，表 5 - 2 显示，当 y 值大于 0 时，金融风险均升高，显示 R 预警信号，当 y 值小于 0 时，金融风险均降低，显示 G 预警信号。这表明对金融发展、经济增长和金融风险变动之间关系的判断具备准确性。虽然 y 大致代表了金融风险的变动量，但其相对于金融风险预警等级而言能够揭示更多信息。对所有季度 y 求和，计算结果为 - 0.235，即 1999—2012 年，金融风险波动变化，累积风险呈略微下降趋势。由表 5 - 2 最后一列和图 5 - 8 可知，金融风险呈交替波动态势，总体来看并未呈现金融不稳定假说的金融风险累积现象。但从金融风险上升或下降的任一方面来看，其增幅和降幅都在 2009 年之前呈明显累积扩大趋势。换言之，金融风险确有逐步累积之势，多年来总体并未大幅上调源自政府强有力的相机抉择政策。随着金融自由化和国际化的加速推进，政府政策的实施将面临更加严峻的挑战。值得注意的是，金融风险交替波动且波动幅度递增的趋势呈现于 1999—2009 年，构成一个十年的周期。2010 年后金融风险再次从零点附近出发，呈现连续 3 年的下降趋势，下降幅度较高。这似乎暗示着将迎来新一轮的金融风险上涨期，且金融风险的波幅扩大速度将更快。后文将对此展开进一步研究。

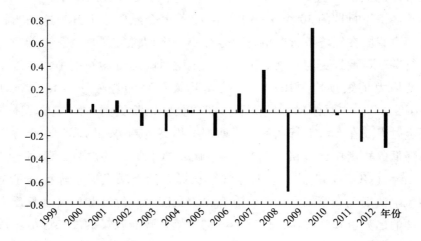

图 5 – 8　1999—2012 年金融风险累积变动量

金融周期与经济周期的交织下行，加剧了金融的顺周期效应，同时其与房地产、人口周期及地方政府债务周期发生共振，诱发系统性与区域性风险。由于房地产是信贷的重要抵押品，因而其与金融两者相互依存，在金融周期中发挥着举足轻重的作用。在一系列宽松政策的刺激下，市场较为充裕的流动性使房地产市场出现明显的回暖迹象，但却出现明显的区域分化特征。如今，金融周期步入下行区间后，房地产等抵押品价格下降，银行信用萎缩，将导致经济持续低迷。随着房地产业的低迷，使以依赖土地出让来偿还债务的地方融资平台的风险进一步加剧，同时过度的库存和区域分化将加剧局部地区困难，易诱发金融系统性风险。

债务周期是决定本轮金融周期的最直接力量。地方债务的加速置换以及不良资产的剥离和处置将直接决定中国债务周期运行的情况。地方债务的风险不消除，中国宏观经济良性运行的机制就难以出现。我国实体经济部门杠杆率过大受经济下滑、银行借贷、影子银行清理以及整体去杠杆等影响，社会融资规模增长速度有所回落，但实体经济部门杠杆率仍然过大。高杠杆导致市场对资金的渴求，易诱发资金高利率，而高利率势必会影响实体经济，减少企业利润，致使资产价格泡沫，诱发系统风险。同时，杠杆的放大作用虽然能在经济向好时发挥增加收益的效用，但在经济低迷时期，也会同时放大风险，使经济抵御风险的能力降低。

非金融企业盈利能力下降、产能过剩与高杠杆率成为当前我国非金融企业部门的最大风险隐患。中国企业绩效指标持续恶化，传统制造业陷入长期困顿，中国经济结构调整的市场力量已经形成。在这些产能过剩行业中，库存仍处于较高水平，在需求低迷的情况下，产能过剩仍在积聚。这又将导致工业品价格持续下降，抑制企业的投资和生产。其中，房地产、建筑业的风险积聚状况需要重点关注。

表 5 - 2　　　　　　　　金融发展、经济增长与金融风险预警

时间	HPEG$_t$	HPFD$_t$	ΔEG$_t$	ΔFD$_t$	x$_t$	预警级别	y$_t$	年度 y$_t$
1999 年第一季度	0.061	- 0.033	—	—	—	—	—	0.112
1999 年第二季度	0.019	- 0.005	- 0.042	0.028	- 1.236	RD Ⅰ	0.119	
1999 年第三季度	0.003	0.002	- 0.016	0.007	- 0.724	RD Ⅰ	0.042	
1999 年第四季度	- 0.020	- 0.028	- 0.022	- 0.029	2.515	GD Ⅱ	- 0.049	
2000 年第一季度	0.028	- 0.064	0.047	- 0.036	- 2.106	GU Ⅰ	- 0.158	0.063
2000 年第二季度	0.035	- 0.026	0.007	0.038	11.795	RU Ⅱ	0.090	
2000 年第三季度	0.026	- 0.001	- 0.009	0.025	- 5.401	RD Ⅰ	0.075	
2000 年第四季度	0.002	0.006	- 0.024	0.007	- 0.516	RD Ⅰ	0.056	
2001 年第一季度	- 0.036	0.019	- 0.038	0.013	- 0.480	RD Ⅰ	0.108	0.098
2001 年第二季度	- 0.050	0.114	- 0.014	0.095	- 6.435	RD Ⅰ	0.341	
2001 年第三季度	- 0.057	- 0.033	- 0.007	- 0.147	38.796	GD Ⅱ	- 0.467	
2001 年第四季度	- 0.033	0.018	0.024	0.051	3.073	RU Ⅱ	0.115	
2002 年第一季度	- 0.044	0.213	- 0.011	0.195	- 13.382	RD Ⅰ	0.644	- 0.119
2002 年第二季度	- 0.036	0.026	0.008	- 0.187	- 32.924	GU Ⅰ	- 0.611	
2002 年第三季度	- 0.021	0.036	0.014	0.010	0.961	GU Ⅱ	- 0.001	
2002 年第四季度	- 0.025	- 0.017	- 0.004	- 0.053	24.726	GD Ⅱ	- 0.150	

续表

时间	$HPEG_t$	$HPFD_t$	ΔEG_t	ΔFD_t	x_t	预警级别	y_t	年度 y_t
2003 年第一季度	0.047	0.077	0.072	0.094	1.861	RU Ⅱ	0.130	
2003 年第二季度	−0.030	0.128	−0.077	0.052	−0.661	RD Ⅰ	0.320	−0.162
2003 年第三季度	−0.010	−0.030	0.020	−0.158	−16.169	GU Ⅰ	−0.512	
2003 年第四季度	−0.013	−0.066	−0.003	−0.036	29.070	GD Ⅱ	−0.100	
2004 年第一季度	−0.029	0.019	−0.016	0.084	−7.776	RD Ⅰ	0.277	
2004 年第二季度	0.002	−0.036	0.031	−0.054	−3.691	GU Ⅰ	−0.210	0.008
2004 年第三季度	−0.026	−0.103	−0.029	−0.067	7.736	GD Ⅱ	−0.163	
2004 年第四季度	−0.044	−0.076	−0.018	0.027	−3.753	RD Ⅰ	0.104	
2005 年第一季度	−0.013	−0.046	0.031	0.030	2.118	RU Ⅱ	0.050	
2005 年第二季度	−0.034	−0.086	−0.020	−0.041	5.500	GD Ⅱ	−0.096	−0.204
2005 年第三季度	−0.029	−0.088	0.004	−0.001	−0.695	GU Ⅰ	−0.008	
2005 年第四季度	−0.011	−0.133	0.018	−0.046	−12.265	GU Ⅰ	−0.150	
2006 年第一季度	0.049	−0.085	0.060	0.048	2.705	RU Ⅱ	0.087	
2006 年第二季度	0.080	−0.123	0.030	−0.037	−6.626	GU Ⅰ	−0.106	0.155
2006 年第三季度	0.048	−0.185	−0.032	−0.063	42.075	GD Ⅱ	−0.140	
2006 年第四季度	0.048	−0.058	0.000	0.127	1682.196	RU Ⅱ	0.314	
2007 年第一季度	0.181	0.058	0.133	0.116	1.793	RU Ⅱ	0.126	
2007 年第二季度	0.184	0.038	0.003	−0.020	−13.509	GU Ⅰ	−0.040	0.362
2007 年第三季度	0.149	0.105	−0.035	0.067	−3.133	RD Ⅰ	0.163	
2007 年第四季度	0.144	0.158	−0.005	0.054	−14.504	RD Ⅰ	0.113	
2008 年第一季度	0.004	0.220	−0.140	0.062	−0.373	RD Ⅰ	0.451	
2008 年第二季度	−0.009	0.063	−0.012	−0.157	16.761	GD Ⅱ	−0.409	−0.689
2008 年第三季度	−0.035	−0.121	−0.026	−0.183	27.015	GD Ⅱ	−0.505	
2008 年第四季度	−0.064	−0.205	−0.029	−0.074	74.741	GD Ⅱ	−0.226	
2009 年第一季度	−0.358	0.268	−0.284	0.462	−0.034	RD Ⅰ	4.192	
2009 年第二季度	−0.220	0.159	0.128	−0.108	−0.321	GU Ⅰ	−1.590	0.722
2009 年第三季度	−0.146	−0.038	0.074	−0.198	−3.403	GU Ⅰ	−1.853	
2009 年第四季度	−0.067	0.016	0.079	0.054	0.902	GU Ⅱ	−0.028	
2010 年第一季度	0.195	0.096	0.262	0.080	0.564	GU Ⅱ	−0.213	
2010 年第二季度	0.099	−0.094	−0.096	−0.189	8.104	GD Ⅱ	−0.300	−0.024
2010 年第三季度	0.047	−0.021	−0.052	0.073	−3.087	RD Ⅰ	0.211	
2010 年第四季度	0.027	0.078	−0.020	0.098	−6.839	RD Ⅰ	0.278	

续表

时间	$HPEG_t$	$HPFD_t$	ΔEG_t	ΔFD_t	x_t	预警级别	y_t	年度 y_t
2011 年第一季度	0.042	0.198	0.015	0.121	8.080	RU Ⅱ	0.274	
2011 年第二季度	0.050	0.038	0.008	− 0.160	− 34.308	GU Ⅰ	− 0.412	− 0.253
2011 年第三季度	0.039	− 0.101	− 0.011	− 0.138	48.410	GD Ⅱ	− 0.332	
2011 年第四季度	0.029	− 0.019	− 0.010	0.081	− 17.221	RD Ⅰ	0.217	
2012 年第一季度	− 0.098	0.093	− 0.127	0.112	− 0.775	RD Ⅰ	0.663	
2012 年第二季度	− 0.051	− 0.022	0.047	− 0.115	− 4.146	GU Ⅰ	− 0.550	− 0.303
2012 年第三季度	− 0.020	− 0.160	0.030	− 0.137	− 34.200	GU Ⅰ	− 0.459	
2012 年第四季度	0.000	− 0.142	0.021	0.018	4.955	RU Ⅱ	0.042	

二　基于金融发展和经济增长比较的金融稳定趋势预测

前文表明金融风险的变动存在内部规律，且金融风险与金融发展和经济增长的变动密切相关。本节采用回归模型研究金融风险的变动趋势，并对 2013 年各季度的金融风险作样本外预测。绘制金融风险变动量 $\Delta RISK_t$（即前文 y_t 值）与经济增长变动量 ΔEG_t、金融发展变动量 ΔFD_t 的散点图。由图 5 – 9 可知，金融风险变动量与经济增长变动量大致呈负相关，与金融发展变动量呈显著的正相关，前两者的关系更为复杂。因此，本章采用回归模型对其作出进一步剖析。

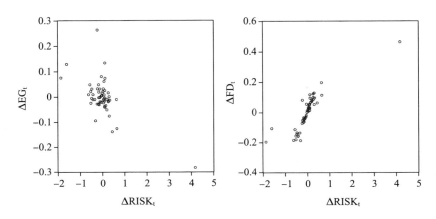

图 5 – 9　金融风险、经济增长、金融发展变动散点图

为避免"伪回归"问题，本书首先对金融风险变动量 $\Delta RISK_t$、经济增长变动量 ΔEG_t、金融发展变动量 ΔFD_t 进行平稳性检验。出于稳健性考虑，采用 ADF（Augmented Dickey-Fuller）、PP（Phillips-Perron）、KPSS（Kwiatkowski-Phillips-Schmidt-Shin）三种方法进行平稳性检验。其中，ADF 检验和 PP 检验的原假设都是存在单位根，若拒绝原假设，则数据平稳；KPSS 检验的原假设为数据平稳，若接受原假设，则数据平稳。平稳性检验结果如表 5 – 3 所示，三个检验对象的 ADF 检验和 PP 检验都在 1% 的显著性水平下拒绝原假设，而 KPSS 检验则接受原假设，表明金融风险变动量 $\Delta RISK_t$、经济增长变动量 ΔEG_t、金融发展变动量 ΔFD_t 都是平稳序列。

表 5 – 3　　　　　　　　　　　平稳性检验结果

检验对象	ADF	PP	KPSS
$\Delta RISK_t$	– 8.685（1）***	– 19.636（28）***	0.327（27）
ΔEG_t	– 7.657（0）***	– 7.665（2）***	0.035（2）
ΔFD_t	– 9.782（1）***	– 13.753（19）***	0.209（18）

注：1. ***表示在1%的显著性水平下拒绝原假设。2. 括号中数字是用于去除自相关的滞后阶数。

用平稳序列进行回归分析可避免"伪回归"问题。鉴于上述三个序列都平稳，本书构建多元线性回归模型，以金融风险变动量 $\Delta RISK_t$ 为被解释变量，经济增长变动量 ΔEG_t、金融发展变动量 ΔFD_t 为解释变量。

$$\Delta RISK_t = \alpha + \beta_1 \Delta EG_t + \beta_2 \Delta FD_t + \varepsilon_t \qquad (5-9)$$

模型的计算结果见表 5 – 4。

模型 1 表明金融风险变动量 $\Delta RISK_t$ 与经济增长变动量 ΔEG_t 呈显著负相关，与金融发展变动量 ΔFD_t 呈显著正相关。这意味着我国的经济增长变动幅度越小，金融风险变动幅度越大；金融发展变动幅度越大，金融风险变动幅度也越大。这与前文所述大致相符。模型 1 的拟合优度（R^2）为 0.869，调整后的拟合优度（调整的 R^2）为 0.867，表明模型的拟合效果良好。

表 5 – 4　　　　　　　　　　　回归模型计算结果

解释变量	模型 1		模型 2	
	参数估计值	t 统计量	参数估计值	t 统计量
ΔEG_t	– 4. 248	– 8. 189 ***	– 4. 521	– 12. 036 ***
ΔFD_t	4. 431	13. 711 ***	4. 769	34. 464 ***
MA（2）	—	—	– 0. 955	– 27. 798 ***
R^2	0. 869		0. 924	
调整的 R^2	0. 867		0. 921	
残差平方和	3. 628		2. 124	
AIC 准则	0. 191		– 0. 306	
SC 准则	0. 264		– 0. 197	
D—W	2. 044		2. 097	

注：*** 表示在 1% 的显著性水平下拒绝原假设。

该模型可能存在自相关问题，本书采用三种方法进行检验。第一，模型 1 的 D—W 检验。D—W 值为 2.044，接近于 2，模型不存在一阶自相关。第二，对模型 1 的残差项进行序列相关的 LM 检验。LM 检验的原假设为直到 p 阶滞后不存在自相关，备择假设为存在 p 阶自相关。LM 检验提供两个统计量：F 统计量和服从卡方分布的 TR^2 统计量。由模型 1 的 LM 检验结果（见表 5 – 5）可知，LM 统计量在 1% 的显著性水平下拒绝原假设，从而模型 1 的残差项存在序列相关性。第三，由自相关系数和偏自相关系数以及 Q 统计量（见表 5 – 6）检验残差项自相关的具体形式。Q 统计量的原假设是序列不存在 p 阶自相关。由表 5 – 6 可知，若干个自相关和偏自相关值不在两倍标准差的虚线内，即在 5% 的显著性水平下与零有显著区别。此外，大多数 P 值在 1% 的显著性水平下拒绝原假设，可知残差项存在显著的序列相关性。

表 5 – 5 序列相关 LM 检验结果

模型 1	F 统计量	6.792363	P 值	0.0024
	TR^2	11.56836	P 值	0.0031
模型 2	F 统计量	0.232888	P 值	0.7931
	TR^2	0.338860	P 值	0.8441

表 5 – 6 模型 1 残差的序列相关

自相关	偏自相关	阶数	AC	PAC	Q 统计量	P 值
. | .	. | .	1	– 0.027	– 0.027	0.043	0.835
*** | .	*** | .	2	– 0.435	– 0.436	11.234	0.004
.* | .	** | .	3	– 0.163	– 0.237	12.836	0.005
. | .	** | .	4	– 0.037	– 0.342	12.922	0.012
. | **	. | *.	5	0.292	0.078	18.271	0.003
. | *.	.* | .	6	0.082	– 0.089	18.705	0.005
.* | .	. | .	7	– 0.121	0.037	19.654	0.006
.* | .	.* | .	8	– 0.181	– 0.176	21.851	0.005
.* | .	.* | .	9	– 0.080	– 0.116	22.282	0.008
. | *.	.* | .	10	0.159	– 0.111	24.033	0.008
. | *.	. | *.	11	0.207	0.088	27.075	0.004
.* | .	.* | .	12	– 0.088	– 0.106	27.643	0.006
.* | .	. | *.	13	– 0.112	0.092	28.573	0.008
. | .	. | .	14	0.001	0.022	28.573	0.012
. | .	. | .	15	– 0.030	– 0.029	28.642	0.018
. | *.	. | .	16	0.108	0.005	29.573	0.020
. | .	. | .	17	0.031	0.008	29.652	0.029
.* | .	. | .	18	– 0.075	– 0.013	30.134	0.036
. | .	. | *.	19	0.039	0.137	30.265	0.049
.* | .	.* | .	20	– 0.124	– 0.136	31.651	0.047
. | .	. | .	21	– 0.021	– 0.030	31.694	0.063
. | *.	. | .	22	0.132	– 0.044	33.348	0.057
.* | .	** | .	23	– 0.129	– 0.238	34.970	0.052
. | .	.* | .	24	0.000	– 0.126	34.970	0.069

因此，对模型 1 加入 ARMA 模型进行改造。经过多次尝试，本书构建了模型 2。由表 5-4 可知，金融风险随着经济增长增幅上升而下降，随着金融发展增幅上升而上升。模型 2 的拟合优度（R^2）为 0.924，调整后的拟合优度（调整的 R^2）为 0.921，均大于模型 1 的拟合优度，表明模型的拟合效果优于模型 1。此外，模型 2 的残差平方和、AIC 值、SC 值都低于模型 1，表明模型 2 的建模更为稳健。

同样对模型 2 进行序列相关性检验。第一，D—W 值表明不存在一阶自相关。第二，LM 检验接受原假设，不存在自相关（见表 5-5）。第三，自相关和偏自相关值在 5% 的显著性水平下与零没有显著区别，P 值也表明不存在显著序列相关（见表 5-7）。

由此，最终可得金融风险变动量的回归方程式如下：

$$\Delta RISK_t = -4.521\Delta EG_t + 4.769\Delta FD_t - 0.955_{\varepsilon_{t-2}}$$
$$(-12.036) \quad (34.464) \quad (-27.798)$$

$[R^2 = 0.924，T = 56（1999 年第一季度至 2012 年第四季度）]$ (5-10)

模型 2 表明金融风险变动量 $\Delta RISK_t$ 与经济增长变动量 ΔEG_t 呈显著负相关，与金融发展变动量 ΔFD_t 呈显著正相关。这意味着我国的经济增长变动幅度越小，金融风险变动幅度越大；金融发展变动幅度越大，金融风险变动幅度也越大。因此，随着经济增速放缓和金融市场的发展，金融风险存在加速提升的趋势。

模型 2 相应的拟合效果如图 5-10 所示，实际数据和拟合数据的趋势线相互重叠，可见该模型的拟合效果良好。残差项大多在零值的2 倍标准差之间，即在 5% 的显著性水平下与零值没有显著性区别。同时也可发现，2008 年左右残差项偏离零值的趋势较为明显，这也体现了金融危机等冲击增加了金融风险预测的难度。总的来说，模型 2 的拟合效果良好，可由该模型对金融风险变动作出相应预测。

获得回归模型后，可对金融风险作出相应预测。模型的数据样本区间为 1999 年第一季度至 2012 年第四季度，本书对 2013 年第一季度至2013 年第四季度进行样本外预测。预测时需要 2013 年各季度经济增长变动量 ΔEG_t 和金融发展变动量 ΔFD_t。其中，经济增长指数数据跨

表 5 – 7　　　　　　　　　　　　模型 2 残差的序列相关

自相关	偏自相关	阶数	AC	PAC	Q 统计量	P 值
. | . |	. | . |	1	− 0.056	− 0.056	0.184	—
. | *. |	. | . |	2	0.077	0.074	0.531	0.466
. | . |	. | . |	3	− 0.063	− 0.055	0.766	0.682
. | . |	. | . |	4	− 0.016	− 0.028	0.783	0.854
. | ** |	. | ** |	5	0.298	0.308	6.336	0.175
. | . |	. | . |	6	0.008	0.039	6.340	0.275
. | . |	. | . |	7	− 0.002	− 0.058	6.340	0.386
. * | . |	. * | . |	8	− 0.188	− 0.171	8.686	0.276
. | . |	. | . |	9	0.022	0.025	8.718	0.367
. | . |	. | . |	10	0.044	− 0.013	8.854	0.451
. | *. |	. | *. |	11	0.172	0.156	10.959	0.361
. | . |	. | . |	12	− 0.040	− 0.015	11.076	0.437
. * | . |	. | . |	13	− 0.096	− 0.028	11.758	0.465
. | . |	. | . |	14	− 0.009	− 0.006	11.764	0.547
. | . |	. * | . |	15	− 0.060	− 0.078	12.042	0.603
. | . |	. * | . |	16	0.027	− 0.127	12.102	0.671
. | . |	. | . |	17	− 0.024	0.005	12.150	0.734
. * | . |	. * | . |	18	− 0.160	− 0.120	14.312	0.645
. | . |	. | . |	19	− 0.065	− 0.027	14.675	0.684
. * | . |	. * | . |	20	− 0.161	− 0.147	17.004	0.590
. * | . |	. * | . |	21	− 0.119	− 0.169	18.302	0.568
. | . |	. | . |	22	0.055	0.036	18.590	0.611
. * | . |	. * | . |	23	− 0.147	− 0.074	20.695	0.540
. | . |	. | . |	24	0.025	0.021	20.758	0.596

度为 1999 年第一季度至 2013 年第四季度，故而 2013 年各季度 ΔEG_t 数据可直接求得。但因数据可得性所限，金融发展综合指数只截至 2012 年第四季度，缺乏 2013 年的季度数据。鉴于此，本书构建金融发展变动量 ΔFD 的移动平均 MA 模型，用以预测 2013 年各季度金融发展水平。

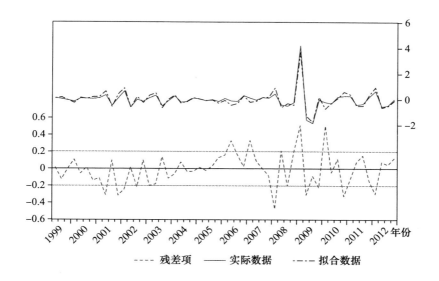

图 5 - 10　模型 2 的拟合效果

$$\Delta FD_t = \mu_t - 0.293\mu_{t-1} - 0.552\mu_{t-2} + 0.251\mu_{t-4}$$
$$(0.123)\qquad(0.141)\qquad\quad(0.133)$$
$$R^2 = 0.728,\ T = 56\ （1999\ 年第一季度至\ 2012\ 年第四$$
季度）
$$(5-11)$$

由模型 5 - 11 可进行 2013 年的样本外预测。经计算可知，2013 年第一季度至 2013 年第四季度金融发展变动量 ΔFD_t 的预测值分别为 0.095、0.016、-0.031、-0.016（见图 5 - 11）。即金融发展水平在 2013 年上半年提升且升幅下降，2013 年下半年下降且降幅缩减。

在获得 2013 年金融发展变动量的预测值后，可对 2013 年各季度金融风险变动量做出预测。预测结果如图 5 - 12 所示，2013 各季度金融风险变动量分别为 -0.874、-1.602、-1.918、-1.892。四个季度总和为 -6.281。2013 年金融风险大幅下调，也是自 1999 年以来各季度金融风险均下调的唯一一年份。综合观察 2013 年的经济增长变动量、金融发展变动量和金融风险变动量（见表 5 - 8），可根据表 5 - 1 判断金融风险预警类型。2013 年各季度经济增长水平均上升，属于经济上行期，金融发展水平则先增后减。因此，2013 年上半年金融风险预警级别为 GU II，下半年为 GU I，即金融风险在经济上行期下调，且下调幅度逐渐升高。鉴于长期以来金融风险呈波动平稳态势，这一结论预示着近两年金融风险将有较大的反弹可能。

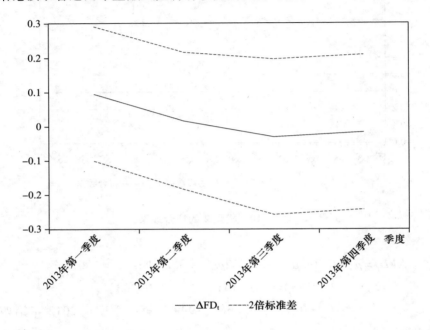

图 5 - 11　　2013 年金融发展变动量预测趋势

表 5 - 8　　　　　　2013 年经济增长、金融发展、金融风险变动量

时间	ΔEG_t	ΔFD_t	$\Delta RISK_t$
2013 年第一季度	0.284	0.095	- 0.874
2013 年第二季度	0.345	0.016	- 1.602
2013 年第三季度	0.392	- 0.031	- 1.918
2013 年第四季度	0.401	- 0.016	- 1.892

　　金融风险传染性不断增强，这可能会加剧我国系统性风险的扩散。在决定中国金融风险传染性的众多因素中，制度因素始终是最为重要的。过去十多年，正是中国金融体制改革最为关键的时期。无论是金融监管体系改革还是金融机构改革，或是证券市场改革与利率和

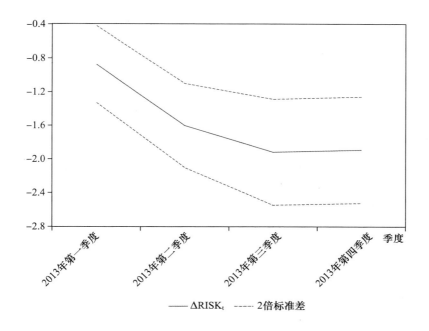

图 5 - 12　2013 年金融风险变动量预测趋势

汇率形成机制改革，或者金融创新的不断发展，其始终坚持的市场化方向和不断扩大的对外开放，以及金融全球化的大背景，都使金融机构之间和金融市场之间的各种相互关联性在整体上呈现出了越来越强的趋势，这导致局部的内生性或外生性风险冲击越来越容易在金融体系内造成大面积扩散，从而提高了系统性风险形成的可能性。2008 年金融危机的冲击和后续一系列经济金融政策的调整对经济趋势是有显著影响的，这一影响虽然会导致一定时期的波动，但并不会改变趋势。

本章小结

本章对明斯基的金融不稳定假说进行理论解析，阐明了金融风险的影响因素及累积机制。基于此，通过宏观变量的转换和预警级别的设定，将实际收益、预期收益与金融风险的内在关系转换为经济增长、金融发展与金融风险的实证检验。总体来看，我国1999—2012年金融风险波动平稳，并未呈现不断累积的态势，体现了我国金融自由化程度相对较低以及政府政策的强力控制。具体而言：第一，我国金融风险的升降幅度存在逐步累积之势，且在经济下行期表现得更为明显。这意味着我国政府政策相对更重视控制伴随经济过热产生的风险。随着金融自由化和国际化的加速推进，政府政策的实施将面临更为严峻的挑战。第二，金融风险变动量与金融发展增幅呈正相关，与经济增长增幅呈负相关。随着经济增速放缓和金融市场的大力发展，我国金融风险存在加速提升的趋势。第三，我国金融风险的交替波动大致构成十年的周期，预测显示2013年金融风险继前三年持续下调，预示着将迎来新一轮的金融风险上涨期。

换言之，借由大政府的干预，我国金融风险并未呈现金融不稳定假说所述之情形，但随着金融改革的深入推进和金融自由化、国际化进程的加速，我国的金融风险将有可能大幅攀升。因此，未来应加强金融不稳定情况监测，在此基础上深化金融不稳定监管机制，进而推动各方协调互促，寻求金融健康适度发展。

第六章　基于宏观影响机制的
金融稳定测评

　　本章通过研究金融发展是否促进经济增长，即检验金融发展的经济增长效应是否得以发挥，来探讨我国的金融稳定状况。若金融发展正向促进经济增长，则表明金融功能运行良好，金融体系稳健；若金融发展反向影响经济增长，则意味着金融抑制现象的存在；若金融发展对经济增长的影响不显著，同样表明金融功能未能有效发挥，也是金融不稳定的一种体现。

　　已有文献采用不同实证方法探讨我国金融发展对经济增长的影响，但并未考虑金融发展的经济增长效应或者说金融功能的发挥与金融稳定的关系。本章从金融功能角度出发，通过研究我国的金融发展对经济增长是否产生正向促进作用，以及这种促进作用如何随着金融改革的演进而变化，来探讨不同阶段的金融稳定状态。

　　新古典增长理论和内生增长理论对经济增长的影响因素进行了大量研究，经济增长主要源自劳动力、资本等资源数量的增长以及技术进步等资源质量和效率的改善。本章探讨金融发展对经济增长的影响，则需要构建相应的控制变量，即通常所用的经济增长影响因素。然而，经济增长影响因素的研究本身仍处于颇受争议的状况，而且我国的技术进步等变量较难寻找到相对应的数据。更重要的是，本书的研究采用季度数据，而经济增长的相关数据缺乏季度值。鉴于此，本章对经济增长构建 ARMA 模型，以表明经济增长对自身的影响。随后，将金融发展变量加入基础模型，考察金融发展（自变量）对经济增长（因变量）是否有影响以及影响程度。

　　需指出的是，本书主要通过研究金融发展的经济增长效应来判断我国的金融稳定状况，如果仅得出一个回归系数，则不利于对金融稳定作出判断和分析。而依据前文的分析，我国的金融发展随着时间的推进表现出较大的趋势变化，可能存在结构性突变。如果找到金融发展的结构性突变点，对不同阶段的金融发展和经济增长进行回归分析，将有效地反映我国金融稳定状况的变化。更进一步地，金融发展的经济增长效应可能不仅在不同阶段发生变化，而且随着金融发展水平的变动不断演进，呈现渐变状态的回归参数将更明确地展现金融发展的经济增长效应。

基于上述分析，本章的实证安排如下：第一，构建金融发展和经济增长的基础模型；第二，采用虚拟变量模型判断金融稳定的突变特征；第三，采用状态空间模型识别金融稳定的渐变特征。其中，第二部分涉及寻找结构性突变点的过程，通常的做法是依据金融发展的实际情况和金融改革措施的推进，大致选取某一个或两个时间点作为突变点，本书采用突变点检验方法来寻找结构性突变点。

第一节　金融稳定对经济增长影响的基础模型

一　数据的平稳性检验

绘制金融发展综合指数和经济增长指数的散点图，鉴于两者的时间序列跨度不同，选取 1999 年第一季度至 2012 年第四季度的数据为样本。由图 6–1 可知，经济增长与金融发展之间并无明显的正相关或负相关性，两者关系复杂。

为便于分析弹性系数，本小节对金融发展综合指数和经济增长指数首先进行取对数处理，而后进行平稳性检验，观察数据是否平稳。

数据的平稳性检验是排除"伪回归"的基本保障，已成为计量经济分析的通常做法。只有当数据通过平稳性检验，针对平稳数据的回归分析才是有效的，而针对非平稳时间序列进行的回归分析则极有可能是错误的。

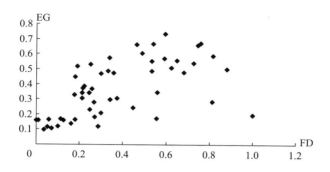

图 6 - 1   金融发展综合指数和经济增长指数散点图

在过去的很长时间内，学者们在对时间序列数据进行回归分析时并不进行平稳性检验，或并未考虑数据的平稳性问题。1982 年，纳尔逊和普洛瑟（Nelson and Plosser，1982）发表了相关论文，开创性地引发了学者对平稳性问题的思考。众多实证分析表明，绝大多数宏观经济变量都是非平稳的。由此引发了宏观经济计量分析尤其是周期分析的一场革命，即"单位根革命"。目前，数据平稳性的检验方法有ADF 检验、PP 检验、NP 检验等，各种检验方法都有自身的特点。

本书出于稳健性考虑，采用 ADF 检验、PP 检验、KPSS 检验三种方法进行平稳性检验。其中，ADF 检验和 PP 检验的原假设都是存在单位根，若拒绝原假设，则数据平稳；KPSS 检验的原假设为数据平稳，若接受原假设，则数据平稳。三种检验方法所构建的模型都有可能存在自相关，计量软件 Eviews 在提供检验结果的同时，列出了各检验模型自相关的滞后阶数。本小节对金融发展综合指数（FD）和经济增长指数（EG）以及经取对数后的金融发展综合指数（lnFD）和经济增长指数（lnEG）进行平稳性检验。平稳性检验结果如表 6 - 1所示。

对金融发展综合指数而言，其水平值 FD 的 ADF 检验和 PP 检验都接受存在单位根的原假设，KPSS 检验则在 1% 的显著性水平下拒绝数据平稳的原假设，因此该序列不平稳；lnFD 的 ADF 检验和 PP 检验则在 5% 和 1% 的显著性水平下拒绝原假设，且 KPSS 检验接受原假设，表明其为平稳序列。相应地，对经济增长指数而言，尽管其 EG 在 10% 的显著性水平下拒绝 PP 检验存在单位根的原假设，但综合 ADF 检验和 KPSS 检验结果来看，仍可视为不平稳序列；lnEG 则为平稳序列。上述分析表明，金融发展综合指数和经济增长指数的水平值都存在单位根，不能直接构建回归模型及采用 OLS 方法进行求解，两者的对数值都不存在单位根，属于平稳序列，可进一步构建时间序列模型。

表 6 − 1 金融发展和经济增长平稳性检验结果

检验对象	ADF	PP	KPSS	检验结果
FD	− 1.227（2）	− 1.816（20）	0.817（6）***	不平稳
EG	− 2.817（4）	− 3.040（8）*	0.557（5）**	不平稳
lnFD	− 2.757（1）**	− 4.375（6）***	0.256（23）	平稳
lnEG	− 3.402（0）**	− 3.348（5）**	0.262（14）	平稳

注：1. *、**、*** 分别表示在 10%、5%、1% 的显著性水平下拒绝原假设。

2. 括号中数字是去除自相关的滞后阶数。

二 基础模型的构建

经济增长的影响因素众多，难以找到季度数据。本节构建经济增长的 ARMA 模型，并在其中加入金融发展变量，考察金融发展对经济增长的影响。

构建的基础模型如式（6 − 1）所示：

$$\ln EG_t = \alpha + \beta_i \sum_{i=1}^{t} \ln FD_{t-i} + \gamma_j \sum_{j=1}^{t} \ln EG_{t-j} + \varepsilon_t + \sum_{m=1}^{t} \mu_{t-m} \quad (6-1)$$

式中，$\ln EG_t$ 是指第 t 期的经济增长水平。$\ln FD_{t-i}$ 是指第 $t-i$ 期的金融发展水平，所对应的参数为 β_i。$\ln EG_{t-j}$ 是指第 $t-j$ 期的经济增长水平，γ_j 则表示经济增长受自身 j 期滞后值的影响。ε_t 和 $\sum_{m=1}^{t} \mu_{t-m}$ 则表明该模型的残差项和移动平均过程。这里采用经济增长指数和金融发展综合指数的对数值来分别代表经济增长水平和金融发展水平。为防止季度因素的影响，对经济增长指数和金融发展综合指数进行了 X—12 季节调整。

首先判断 lnEG 的自相关特征，以推断经济增长如何受到自身滞后值的影响。表 6 - 2 显示，lnEG 序列存在一阶自相关，符合典型的 AR（1）模型。因此，构建经济增长的一阶自回归模型，计算结果如表 6 - 3 模型 1 所示。经济增长一阶自相关，系数为 0.783。拟合优度 R^2 值为 0.623，F 统计量拒绝原假设，表明模型 1 的整体显著。D—W 值为 2.223，接近于 2，表明该模型不存在显著的自相关。

表 6 - 2　　　　　　　　　　　　lnEG 的自相关

自相关	偏自相关	阶数	AC	PAC	Q 统计量	P 值
.	*** ***		.	*** ***		1	0.878	0.878	47.86	0.000
.	*** **		. *	.		2	0.742	-0.129	82.60	0.000
.	*** *		. *	.		3	0.592	-0.132	105.15	0.000
.	***		.	.		4	0.458	-0.022	118.87	0.000
.	**		.	.		5	0.335	-0.042	126.37	0.000
.	**		.	.		6	0.224	-0.053	129.79	0.000
.	*.		.	.		7	0.121	-0.061	130.81	0.000
.	.		.	*.		8	0.063	0.103	131.08	0.000
.	.		.	*.		9	0.066	0.199	131.39	0.000
.	.		. *	.		10	0.069	-0.072	131.75	0.000
.	.		.	.		11	0.068	-0.064	132.10	0.000
.	*.		.	.		12	0.078	0.065	132.56	0.000
.	.		. *	.		13	0.056	-0.144	132.80	0.000
.	.		.	.		14	0.034	-0.034	132.90	0.000
.	.		.	.		15	-0.000	-0.045	132.90	0.000
.	.		.	*.		16	-0.017	0.120	132.92	0.000
. *	.		**	.		17	-0.094	-0.287	133.68	0.000
. *	.		**	.		18	-0.198	-0.243	137.13	0.000
**	.		.	.		19	-0.303	-0.024	145.37	0.000
***	.		. *	.		20	-0.402	-0.093	160.27	0.000
***	.		.	.		21	-0.454	-0.004	179.79	0.000
*** *	.		.	.		22	-0.488	-0.056	202.99	0.000
*** *	.		.	.		23	-0.508	0.006	228.80	0.000
*** *	.		. *	.		24	-0.529	-0.151	257.55	0.000

　　随后，在经济增长的自回归模型中加入金融发展变量，根据变量的显著性和系数的变化调整金融发展变量的滞后期阶数。经计算，获得模型2（见表6-3）。模型2表明，经济增长水平不仅受到自身前一期的影响，还受到金融发展前一期水平的影响。模型2中，金融发展相应的系数值为0.121，即本期金融发展水平每提高1%，下一期经济增长水平可提高0.121%。模型2的拟合优度为0.655，F检验拒绝原假设，表明整体拟合效果较好。与模型1相比，模型2的AIC值和SC值都有所下降，表明模型2相对来说更为稳健。

　　从基础模型来看，经济增长受到其自身前一期的影响以及金融发展前一期水平的影响。同时，金融发展对经济增长产生正向促进作用，但相对而言，金融发展对经济增长的影响程度较低。

表6-3　　　　　　金融发展对经济增长影响的基础模型结果

自变量	系数（t统计量）	
	模型1	模型2
C	-0.255** （-2.266）	-0.257** （-2.374）
lnEG（-1）	0.783*** （9.359）	0.666*** （6.897）
lnFD（-1）	—	0.121** （2.215）
R^2（调整的R^2）	0.623（0.615）	0.655（0.642）
F统计量	87.591***	49.479***
D—W统计量	2.223	2.092
AIC准则	0.576	0.522
SC准则	0.649	0.631

注：**、***分别表示在5%、1%的显著性水平下拒绝原假设。

第二节　金融发展对经济增长
影响的虚拟变量模型

　　本节的目的在于构建门限回归模型，判断不同阶段金融发展对经济增长的影响，以此考察不同阶段金融功能的发挥状况和金融稳定状况。因此，划分出金融发展的不同阶段是本节的关键步骤。随后将通过邹氏检验判断在突变点前后金融发展的经济增长效应有无明显变化，若有，则进一步引入虚拟变量构建门限回归模型。

一　金融发展的突变点检验

第五章对金融发展指数的分析表明，2007 年左右可能存在金融发展的转折点。但这种人为确定数据结构转折点的方法缺乏稳健性，本节采用相应的计量方法进行实证检验，结合前述分析，明确我国金融发展的突变点。赵昌文、杜江、杨记军（2004），刘金全、金春雨、郑挺国（2006），王宇、蒋彧（2011）都采用结构性突变检验方法对宏观经济变量的波动和结构性转变特征进行检验。本节采用 Bai 和 Perron（2003）提出的突变点检验方法进行研究。基本模型如下：

$$y_t = x'_t\beta + z'_1\delta_1 + u_t, \quad t = 1, \cdots, T_1$$
$$y_t = x'_t\beta + z'_t\delta_2 + u_t, \quad t = T_1 + 1, \cdots, T_2$$
$$\cdots$$
$$y_t = x'_t\beta + z'_t\delta_{m+1} + u_t, \quad t = T_m + 1, \cdots, T \quad\quad (6-2)$$

方程组（6-2）中，y_t 代表突变点检验的对象。x'_t 和 z'_t 是 y_t 可能存在的内在趋势，β 和 δ 是相应的系数。T_1、T_2，$\cdots$，T_m 代表突变点所在位置。简单来看，该模型显示检验对象可能存在 m 个突变点，从而可将 y_t 划分成 $m+1$ 段。突变点检验旨在判断检验对象是否具有结构性突变的特征，通过该检验可判断某一时间序列是否存在突变点、存在几个突变点，并给出突变点具体的位置。

本书对金融发展指数的对数序列 lnFD（-1）进行突变点检验。检验结果如表 6-4 所示。是否存在突变点及突变点数量的检验主要参考三类统计量：

第一，SupFT（k）统计量，其原假设为不存在突变点，备择假设为存在 k 个突变点。表 6-4 显示，lnFD（-1）可能存在 1 个或 2 个突变点。

第二，UDmax 统计量和 WDmax 统计量，其原假设为不存在突变点，备择假设为存在突变点。表 6-4 显示，lnFD（-1）在 1% 的显著性水平下存在突变点。

表 6 – 4　　　　　　　　lnFD（–1）的结构性突变点检验结果

突变点数量的检验			
SupFT（1）	53. 085 ***	SupFT（2）	112. 423 ***
UDmax	45. 825 ***	WDmax	153. 060 ***
SupFT（2｜1）	7. 191 *		
突变点位置的检验			
BIC 准则	2006 年第四季度	2001 年第四季度	
循序检验	2006 年第四季度		

注：** 、 *** 分别表示在 5% 、1% 的显著性水平下拒绝原假设。

第三，SupFT（j + 1｜j）统计量，原假设为存在 j 个突变点，备择假设为存在 j + 1 个突变点。表 6 – 4 显示，lnFD（–1）在 10% 的显著性水平下存在 2 个而不是 1 个突变点。

同时，BIC 准则和循序检验统计量同样能够检验突变点数量，两者的检验结果分别为 2 个和 1 个突变点。这两个统计量更重要的作用在于提供突变点的位置。BIC 准则检验提取了 2006 年第四季度和 2001 年第四季度两个突变点，循序检验则提取了 2006 年第四季度这一个突变点。

根据 Bai 和 Perron（2003）的解释，相对于 BIC 准则而言，循序检验的稳健性更高。SupFT（2｜1）的显著性水平较低，因此存在 1 个突变点的结果更为可靠。按照前文所述，2007 年前后可能是金融发展的转折点，lnFD（–1）序列的 2006 年第四季度对应了 2006 年第三季度的金融发展序列，即金融发展水平本身在 2006 年第三季度发生结构性转变，这一结果符合实际情况。鉴于此，笔者认为金融发展在 2006 年第三季度发生了结构性转变，相应地，lnFD（–1）序列在 2006 年第四季度发生了突变。

为了更直观地展现突变点前后金融发展水平的趋势变化，本书对突变点前后的金融发展数据分布进行 HP 滤波分析，绘制相应的趋势图（见图 6 – 2）。2006 年第三季度之前，金融发展水平快速上升，在接近突变点处上升速度减慢；2006 年第三季度之后，金融发展水平整体获得提升，但提升速度明显减缓。

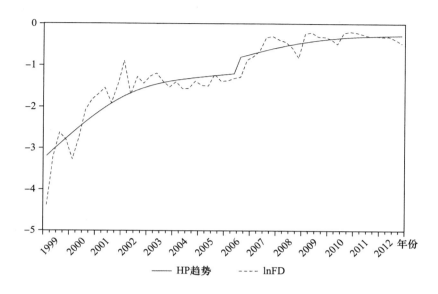

图 6 - 2　金融发展序列的结构性转变趋势

二　虚拟变量模型的构建与分析

前文构建了一个关于经济增长和金融发展的基础回归模型，同时经突变点检验搜寻到了金融发展变量的结构性突变点。基于此，本节继续构建经济增长和金融发展的虚拟变量回归模型。

$$\ln EG_t = \alpha_0 + \alpha_1 D_t + \beta_1 \ln FD_{t-1} + \beta_2 D_t \ln FD_{t-1} + \gamma_1 \ln EG_{t-1} + \mu_t$$

$$D_t = \begin{cases} 0, & 1999 \text{ 年第一季度} \leqslant t \leqslant 2006 \text{ 年第三季度} \\ 1, & 2006 \text{ 年第四季度} \leqslant t \leqslant 2012 \text{ 年第四季度} \end{cases} \quad (6-3)$$

式（6-3）是在模型 2 中加入了虚拟变量 D_t，从而构建了一个变参数回归模型。D_t 的取值依据前文突变点的选取，以 2006 年第一季度为界，在此之前设为 0，在此之后设为 1，分别表示金融发展的两个阶段。按照虚拟变量是否为 1，经济增长水平的期望值可能存在两种情况：

$$\mathrm{E} \left\{ \ln EG_t \mid D_t = 1 \right\} = \alpha_0 + \alpha_1 + (\beta_1 + \beta_2) \ln FD_{t-1} + \gamma_1 \ln EG_{t-1}$$

$$\mathrm{E} \left\{ \ln EG_t \mid D_t = 0 \right\} = \alpha_0 + \beta_1 \ln FD_{t-1} + \gamma_1 \ln EG_{t-1} \quad (6-4)$$

在 $D_t = 1$ 的情形下，若存在 $\alpha_1 \neq 0$ 的情况，则表明虚拟变量 D_t 存

在截距效应，即该模型的截距在 2006 年第四季度前后发生变化。若存在 $\beta_2 \neq 0$ 的情况，则表明虚拟变量 D_t 存在斜率效应，即金融发展对经济增长的影响在 2006 年第四季度前后发生变化。因此，β_2 是该模型最为关键的一个参数。

加入虚拟变量后，模型估计结果显示常数项的影响不显著，故予以剔除。计算结果为：

$$\ln EG_t = 0.789 EG_{t-1} + 0.146 \ln FD_{t-1} + 0.321 D_t \ln FD_{t-1}$$
$$(12.211) \qquad (2.627) \qquad (2.407) \qquad\qquad (6-5)$$

$R^2 = 0.656 \qquad$ 调整的 $R^2 = 0.643$

$D—W = 2.191$

$AIC = 0.519, \ SC = 0.628$

式（6-5）表明，该变参数模型的拟合优度相对较高，且不存在自相关问题。AIC 值和 SC 值也比基础模型的数值更低，可认为该变参数模型比基础模型更好地刻画了我国金融发展对经济增长的影响。

根据式（6-5），当 D_t 为 0，即在 1999 年第一季度至 2006 年第三季度之间，金融发展水平每提高 1%，会促使下一期经济增长水平提高 0.146%；当 D_t 为 1，即在 2006 年第四季度至 2012 年第四季度之间，金融发展水平每提高 1%，会促使下一期经济增长水平提高 0.467%。因此，自 1999—2012 年，我国的金融发展对经济增长发挥正向促进作用，且在 2006 年第四季度之后，该正向促进作用的程度得到进一步加强。换言之，金融发展水平在大力提升的同时，金融功能的发挥也愈加良好。前文已陈述金融功能的发挥或金融发展对经济增长的正向促进作用是金融稳定的重要标志，由此可认为，1999—2012 年，我国的金融稳定状况良好，且 2006 年第四季度之后的金融稳定水平相对更高。

第三节　金融发展对经济增长
影响的状态空间模型

本节将采用状态空间模型进一步研究金融发展的经济增长效应。虚拟变量模型提供了两个不同时间段金融发展对经济增长的影响，即有两个弹性系数；状态空间模型则能够通过构建量测方程和状态方程，提供随时间变化的弹性系数，从而揭示金融功能的发挥和金融稳定状况的动态演进趋势。

除虚拟变量模型之外，状态空间模型是变参数模型的另一类典型代表。传统统计模型采用的变量都是可以观测到的变量，利用回归分析或时间序列分析等方法，利用其他变量的信息或因变量自身前期的信息来估计参数，进而预测因变量未来的值。然而，在构建统计模型的过程中，某些变量无法观测，正是这种观测不到的变量反映了研究对象内在的真实状态，因此，状态空间模型将无法观测的变量视为状态变量，而含有状态变量的模型即为状态空间模型。状态空间模型不可能通过传统的回归方程式来对参数进行估计。随着工程控制领域卡尔曼滤波技术的发展，状态空间模型的求解问题也得以解决。

总体来看，状态空间模型有两个特点：其一，将不可观测的变量（即状态变量）加入可观测模型后进行回归分析；其二，采用强有效的递归算法——卡尔曼滤波来估计参数。状态空间模型包括两个方程：其一为反映因变量和自变量关系的量测方程，其中自变量既包括可观测变量，也包括不可观测的状态变量；其二为反映状态变量自身趋势的状态方程。在构建变参数模型的过程中，自变量均为可观测变量，而将时变参数视为状态变量，以此构建状态方程，并采用卡尔曼滤波方法对方程组进行估计，获得时变参数的值。

金融发展对经济增长的影响，其程度可能不仅随着不同时间段变化，也可能在不同时点发生不同的变化。因此，本节构建一个状态空间模型对该问题进行研究。按照前文所述，若金融发展对经济增长产生正向促进作用，则表明金融功能正常发挥，即金融稳定。若该正向促进作用的程度较高，则表明金融稳定程度较高。金融发展和经济增长的状态空间模型为：

$$\ln EG_t = \alpha + \beta \ln EG_{t-1} + SV_t \ln FD_{t-1} + \varepsilon_t \qquad (6-6)$$

$$SV1_t = \gamma + \gamma_1 SV1_{t-1} + v_t$$

式中，第一个方程为此状态空间模型的量测方程，表明经济增长受到其前一期水平以及金融发展的前一期水平影响，与基础模型的设置相一致。其中，$SV1_t$ 是金融发展对经济增长影响的弹性系数，为时变参数。第二个方程为状态方程，即时变参数 $SV1_t$ 的统计模型。采用 Eviews8.0 定义状态空间模型，模型语句如下：

@ signal logEG = c（1）* logEG（-1）+ sv1 * logFD（-1）+ ［var = exp（c（2））］

@ state sv1 = sv1（-1）+ ［var = exp（c（3））］

表6-5　　　　　　　　　　　状态空间模型计算结果

	系数	标准差	Z 统计量	P 值
β	0.602178	0.078444	7.676508	0.0000
γ	-2.815428	0.310297	-9.073338	0.0000
γ_1	-4.376645	0.500244	-8.749024	0.0000
	最终状态解	均方误差	Z 统计量	P 值
SV1	1.247252	0.303365	4.111390	0.0000
对数似然值	-23.07222	AIC 准则	—	0.948081
参数	3	SC 准则	—	1.057571
扩散先验	1	H-Q 准则	—	0.990422

鉴于式（6-6）中常数项的参数未通过显著性检验，所以上述语句只包含 lnEG（-1）和 lnFD（-1）两个自变量。采用卡尔曼滤波方法对该状态空间模型进行求解，得到模型结果如表6-5所示。可知，经济增长前一期对经济增长本期影响的弹性系数为0.602，在1%的显著性水平下通过了检验。金融发展前一期对经济增长本期影

响的弹性系数 SV1 也在 1% 的显著性水平下通过了检验。这说明构建
的模型比较稳健。

　　提取时变参数 SV1 的具体数值，相应的趋势如图 6 - 3 所示。在
1999—2012 年，金融发展对经济增长影响的平均程度为 0.554，低于
经济增长受到自身前期值的影响程度 0.602。但从图 6 - 3 来看，金融
发展对经济增长的影响随时间波动，呈现较为显著的高低两个区间，
与虚拟变量回归的结果相符。

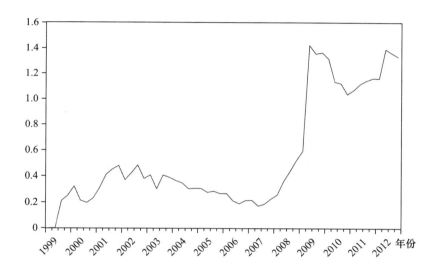

图 6 - 3　金融发展对经济增长影响的时变参数趋势

　　具体而言，2008 年第四季度之前，SV1 的数值在 0—0.5 波动，
呈现先升后降再升的趋势，其中 2002 年至 2006 年该参数值一路下
跌。2002—2006 年经济增长迅速，但金融发展水平较低，因此该阶段
SV1 值的下滑也印证了金融发展未能有效促进经济增长，经济增长主
要依靠其他因素的影响。2008 年后，特别是 2009 年第二季度开始，
金融发展对经济增长的正向促进作用大幅提升。2008 年金融危机后，
我国采用适度宽松的货币政策和积极的财政政策应对金融危机的负面
影响，此时金融发展对经济增长的稳定发挥了很大作用，SV1 值从

2009 年第一季度的 0.592 攀升到 2009 年第二季度的 1.424。然而，在金融危机蔓延和我国政策传导机制不畅通的形势下，金融发展对经济增长的带动作用并未持续体现，SV1 值在 2009 年下半年至 2010 年底的一年半时间内呈持续下滑趋势。此后，随着我国金融发展水平的持续提升，经济增长也进入调整期，金融发展对经济增长的影响体现为 SV1 值的逐步上升。

渐进式金融改革推动了我国经济的稳步运行，同时印证了金融的适度发展、金融与经济的协调共进才是合理有效的改革路径。我国区域经济发展不平衡现象决定了各地金融发展及金融改革应当有时间先后和程度深浅之分，过快的金融改革不仅蕴含较高的金融风险，而且不能在短期内发挥改革的示范效应。因此，根据各地经济发展水平，适度推进金融改革有其必要性和合理性。同样地，我国和其他国家的经济发展水平、经济发展模式大相径庭，应当实施有中国特色的金融改革路径，逐步达成金融改革目标，保障我国经济在金融自由化浪潮中健康稳步发展。

本章小结

本章从金融功能理论出发，探讨了金融发展对经济增长的影响，并由此判断金融稳定状况。金融发展对经济增长的正向促进作用是金融稳定的重要表现，金融发展对经济增长的正向促进作用程度越深，则表明金融稳定状况越佳。基于此，本章采用回归分析方法研究金融发展对经济增长的影响。鉴于金融发展对经济增长影响的相关研究已经较多，且采用传统回归模型只能得出研究时段内的一个弹性系数，无法明确反映金融功能的变化和金融稳定状况的演变。因此，本章构建变参数模型对该问题进行研究。具体而言，首先构建了一个虚拟变量模型，其中虚拟变量的设置经由突变点检验获得，因而具备较高的稳健性。虚拟变量模型揭示了在突变点前后金融稳定形势的变化情况。其次构建了一个状态空间模型，由此反映了研究时段内金融稳定形势的动态演进过程。简言之，本章采用虚拟变量模型判断金融稳定的突变特征，采用状态空间模型识别金融稳定的渐变特征。

　　虚拟变量模型和状态空间模型的设置相互验证、互为补充，较好地揭示了我国金融稳定形势的变化和发展。从虚拟变量模型可以看出，1999—2012 年，我国金融发展对经济增长呈现较为显著的正向促进作用，且该正向促进作用从 2006 年年底开始提升。相比而言，状态空间模型对金融发展和经济增长的关系揭示得更为清晰。从状态空间模型得出近几年金融发展对经济增长的影响程度更深。此外，状态空间模型也显示 2002—2006 年，以及 2009—2010 年，我国金融发展对经济增长的正向促进程度有所下滑。依据前文对金融功能和金融稳定关系的解析，笔者认为，由经济增长效应来看我国 1999—2012 年整体金融稳定状况良好，未出现金融抑制状态。金融功能的发挥在 2007 年之后的近几年间得到有效提升，但仍不甚稳定。可以肯定的是，我国金融稳定形势的改善离不开金融改革的深入推进和金融政策传导机制的完善。

第七章　基于系统互促机制的金融稳定测评

　　前文对金融稳定内涵的文献综述表明，金融稳定不只体现在金融与经济相对波动的平稳性，金融发展的经济增长效应的有效发挥，还体现在金融发展是否适度这个层面。金融发展与经济增长的关系体现在三个方面：金融发展超前于经济增长、金融发展落后于经济增长、金融发展与经济增长相互协调。只有当金融发展与经济增长两者协调发展时，金融发展才是适度的，从而才能促进金融稳定。

　　本书侧重于从金融发展和经济增长的关联性来探讨金融稳定状态，因此，对金融适度性的研究也侧重于金融体系与经济体系的协调共进。前文已采用综合指数的方式对金融发展和经济增长水平进行了测度，本章将以此为基础，采用协调发展理论或称耦合模型，从系统角度来考察金融发展和经济增长的协调发展态势。若两者协调发展，则表明我国的金融稳定程度较高；反之，则金融稳定程度较低。

第一节　协调发展模型的介绍

　　系统的自组织理论认为，复杂系统的演化都是自组织的过程。在适度开放的前提下，系统从外部环境引入负熵，从无序向有序演化。而系统自组织演化的内在动力是系统内部各子系统的非线性相互作用，即矛盾双方的排斥、吸引、竞争与合作。在非线性作用下，系统内部各子系统形成关联与协同，从而影响某一子系统的利导因子大于限制因子，某一子系统从其他子系统获得能量，增大其自身的发展潜能，从而得以突破自身的发展阈值。子系统的协同效应推动了整个耦合系统的演化，从低级到高级，实现自组织演化的层次跃迁。

若要明确耦合系统的自组织演化过程，首先需理解子系统之间如何发生相互影响。从生态学中的逻辑斯蒂演化方程出发，本书将尝试阐明耦合系统自组织演化的内在关系及整体跃迁的内涵，并结合耦合模型测度该耦合系统自组织演化的现状和趋势。

假设系统内部只存在一个子系统，则该系统的动态演化方程为：

$$\frac{dS_1(t)}{dt} = r_1 S_1(t) \left[1 - \frac{S_1(t)}{S_{1m}} \right] \qquad (7-1)$$

式（7-1）中，$S_1(t)$ 表示子系统 S_1 在 t 时刻的发展规模，r_1 为发展速度。由于 $r_1 S_1(t)$ 缺乏负反馈，是不可持续的，最终将归于无序状态，所以通常还存在限制因子。S_{1m} 表示子系统 S_1 的极限状态或阈值，$\left[1 - \frac{S_1(t)}{S_{1m}} \right]$ 表示由于对资源的消耗等因素导致的对自身规模增长的阻滞作用。在这样的情形下，子系统将呈现"S"形动态演化趋势，经历初期的指数式增长和后期向阈值水平的收敛过程，则整个系统 S 也必然呈现相同的趋势，如图 7-1 左边所示。

当存在两个子系统 S_1 和 S_2 时，则：

$$\frac{dS_1(t)}{dt} = r_1 S_1(t) \left[1 - \frac{S_1(t)}{S_{1m}} - \beta_{21} \frac{S_2(t)}{S_{2m}} \right] \qquad (7-2)$$

$$\frac{dS_2(t)}{dt} = r_2 S_2(t) \left[1 - \frac{S_2(t)}{S_{2m}} - \beta_{12} \frac{S_1(t)}{S_{1m}} \right]$$

子系统的动态演化不仅受到自身阈值的限制，还受到另一子系统发展规模的影响。其中，β_{21}（β_{12}）表示子系统 S_2 对 S_1（S_1 对 S_2）的共生作用系数。根据两个系数的不同取值，子系统间呈现不同的共生模式（见表 7-1）。系统 S 的演化类型取决于子系统的非线性相互作用，因此可呈现停滞型、衰退型和增长型三种模式（见图 7-1）。

表7－1　　　　　　　　子系统共生模式与系统演化模式

β_{21} 和 β_{12} 的取值	S_1 和 S_2 共生关系	特点	系统 S 演化模式
$\beta_{21} = 0$，$\beta_{12} = 0$	独立发展	两个都无影响	停滞型
$\beta_{21} < 0$，$\beta_{12} = 0$ 或 $\beta_{12} < 0$，$\beta_{21} = 0$	偏利共生	一个受益 一个无影响	弱增长型
$\beta_{21} > 0$，$\beta_{12} > 0$	恶性竞争	两个都受损	衰退型
$\beta_{21} < 0$，$\beta_{12} > 0$ 或 $\beta_{12} < 0$，$\beta_{21} > 0$	寄生	一个受益 一个受损	弱增长型或衰退型 或停滞型
$\beta_{21} < 0$，$\beta_{12} < 0$	互惠共生	两个都受益	强增长型

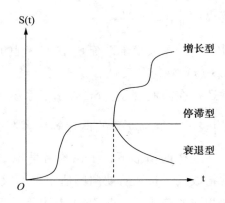

图7－1　系统演化的三种模式

需指出的是，几乎所有经济社会子系统都存在相互交叉影响，因此共生作用系数不为0，整个耦合系统可能出现的情况即为恶性竞争、寄生和互惠共生三种。以下采用耦合模型进一步解析这三种情况（见图7－2）。

假设两个子系统 S_1 和 S_2 初始发展规模构成的数据集为 M，当两者互惠共生时，M 点将向区域 I 移动；当两者恶性竞争时，两者均受损，M 点将向区域Ⅲ移动；当两者存在寄生现象时，一个受损，一个受益，M 点将向区域Ⅱ或Ⅳ移动。

系统 S 的发展规模源自子系统 S_1 和 S_2 的发展规模，设为两者的综合指数：

$$S = \alpha S_1 + (1 - \alpha) S_2 \tag{7-3}$$

式（7-3）在图中可表示为一组无差异线，越往区域 I，表示系统的总体发展规模越大，越往区域 III，表示系统的总体发展规模越小。当两个子系统互惠共生时，耦合系统的规模不断增加；两个子系统恶性竞争时，耦合系统的规模不断收缩；而当两个子系统寄生时，根据受益和受损子系统的不同，可能向区域 II 或 IV 移动。S 可视为耦合系统的发展规模，定义为系统 S_1 和 S_2 的综合发展度。互惠共生的子系统必然导致 S 增加，恶性竞争必然导致 S 减少，寄生对 S 的影响取决于寄生双方的相互变化。反之，S 增加意味着至少有一方受益，为寄生或互惠共生，S 减少则意味着至少有一方受损，为寄生或恶性竞争。

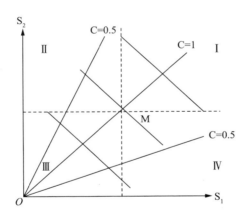

图 7-2　耦合模型的系统自组织内涵解析

此外，协同论认为，当 S_1 和 S_2 起始时刻相等，发展速度也相等时，两者的协调度最高。这恰好与变异系数协调度模型不谋而合。变异系数协调度模型认为，当两个子系统的发展规模 $S_1 = S_2$ 时，两系统的协调度为 1，当两者不等时，可用变异系数 CV 测度两者的协调程度。

$$CV = \frac{stdv}{mean} = \sqrt{2 \left[1 - S_1 S_2 \Big/ \left(\frac{S_1 + S_2}{2} \right)^2 \right]} \tag{7-4}$$

式中，*stdv* 表示标准差，*mean* 表示均值。

变异系数 CV 越小，表明协调度越高。要使变异系数 CV 最小，必须使 $S_1 S_2 / \left(\dfrac{S_1 + S_2}{2} \right)^2$ 最大，因此，可构建协调度 C：

$$C = \left[S_1 S_2 / \left(\frac{S_1 + S_2}{2} \right)^2 \right]^k \tag{7-5}$$

当变异系数 CV = 0 时，$S_1 = S_2$，形成一条由原点出发、斜率为 1 的射线，射线上每一点都达到最优协调度 1，此射线为最优协调线。当子系统发展规模不相等时，协调度低于最优值。值得注意的是，子系统在互惠共生和恶性竞争的情况下，都可能出现协调度较高的情形，为互促共进或同步倒退。因此，应当结合综合发展度判断系统是否存在同为低水平的"伪协调"。

综上所述，子系统的非线性作用关系导致 S_1 和 S_2 者呈现互惠共生、寄生、恶性竞争三种情形，一定程度上表现为系统 S 发展规模的变化。同时，子系统发展速度是否协调决定了非线性作用的强度，表现为协调度的变化。因此，综合发展度和协调度影响了系统的自组织演化。这两者的结合可视为系统的耦合度：

$$D = \sqrt{SC} \tag{7-6}$$

耦合是协调和发展的统一。S 增加且 C 增加，则表明至少一方受益，且受益强度增加，D 也将增加；S 下降且 C 增加，则表明至少一方受损，且受损强度增加，则 D 可能下降。耦合度越高，子系统越有可能是互惠共生的状态。对照表 7-1，系统未来将出现强增长模式。

协调发展是协调与发展的综合，物理学中的耦合恰好能够解释此种状态。耦合是指两个或两个以上的系统或运动形式通过各种相互作用而彼此影响的现象。系统之间或系统内部各要素之间配合得当、互惠互利时，为良性耦合；相互摩擦、彼此掣肘时，则为恶性耦合。主体思路为，将相互关联的两个研究对象视为耦合的两个系统，用相应指标测度两个系统的耦合程度。对该耦合程度在一个时间序列内的连续考量即能体现两者关系的演进过程。而耦合度或称协调发展度的提升即表示两者配合得当、协调发展。耦合度的计量模型有多种（仇方道，2003；侯增周，2011；苏静等，2013），本书借鉴廖重斌（1999）的研究，其所构建的耦合度模型被广泛应用，并且模型的原理解释得更为清晰透彻。

在进行耦合模型计算之前，先对代表两个系统发展水平的数据进行最大最小值标准化处理，使两者均处于0—1，分别记为 X 和 Y。两个系统互促共进要求两者的离差越小越好，离差系数如式（7-7）所示。

$$c_v = \frac{\delta}{\mu} = \frac{\sqrt{(X-Y)^2}}{(X+Y)\ /2} = 2\sqrt{1 - \frac{X \times Y}{\left(\frac{X+Y}{2}\right)^2}} \qquad (7-7)$$

式（7-7）中，δ 为 X 和 Y 的离差，μ 为 X 和 Y 的均值。c_v 越小越好，等价于式（7-8）中 c 越大越好。因此，定义式（7-2）为 X 和 Y 的协调度。

$$C = \left\{\frac{X \times Y}{\left[\ (X+Y)\ /2\ \right]^2}\right\}^k,\ k \geqslant 2 \qquad (7-8)$$

式（7-8）中，为协调度，k 为调节系数，本书取 k = 2。值处于0—1，以0.5为界，高于0.5则为协调，低于0.5则为不协调；越接近1，协调水平越高。

两个系统的协调共进表现为两个指数 X 和 Y 离差的逐步减小，即协调度的不断增大。但存在这样的情形：（a）假设 X 和 Y 均取0.1，则 C 为1；（b）假设 X 和 Y 均取0.9，则 C 也为1。（a）、（b）两种情形说明一个问题，即两个系统在较低发展水平和较高发展水平下均能出现协调共进的现象。但我们希望两个系统的协调共进是（b）情形。换言之，两个系统的协调发展不仅应当体现在两者差距的缩小，也应当体现在各自发展水平的不断提升上。因此，定义式（7-9）为综合发展度。

$$T = \alpha X + \beta Y,\ 0 < \alpha,\ \beta < 1,\ \alpha + \beta = 1 \qquad (7-9)$$

式（7-9）中，T 为 X 和 Y 的综合发展度，α、β 为 X 和 Y 的权重，若认为交互作用的两个系统同等重要，则取 $\alpha = \beta = 0.5$。

结合上述分析，两个系统在逐步发展的基础上协调共进，呈现交互螺旋式上升的趋势才是耦合的真正状态。因此，耦合应是协调与发展的统一，本章的耦合度如式（7 - 10）所示。

$$D = \sqrt{C \times T} \qquad\qquad (7 - 10)$$

式（7 - 10）中，D 为耦合度。C、T 分别为式（7 - 8）、式
（7 - 9）式中所得协调度和综合发展度。D 值处于 0—1，越接近于 1，
表明耦合水平越高。具体而言，可将耦合度进一步划分，获得不同耦
合类型（吴文恒等，2006），相应的判断标准见表 7 - 2。

表 7 - 2　　　　　　　　　耦合度的判别标准及划分类型

恶性耦合—失调衰退型		良性耦合—协调发展型	
耦合度	类型	耦合度	类型
0.00—0.09	极度失调衰退	0.50—0.59	勉强协调发展
0.10—0.19	严重失调衰退	0.60—0.69	初级协调发展
0.20—0.29	中度失调衰退	0.70—0.79	中级协调发展
0.30—0.39	轻度失调衰退	0.80—0.89	良好协调发展
0.40—0.49	濒临失调衰退	0.90—1.00	优质协调发展

由表 7 - 2 可知，耦合度以 0.5 为界，高于 0.5 为良性耦合—协调
发展型，低于 0.5 为恶性耦合—失调衰退型；在高于 0.5 的区域，耦
合度越高，协调发展程度越高，表现为勉强、初级、中级、良好、优
质协调发展五个类别；在低于 0.5 的区域，耦合度越低，失调衰退程
度越高，表现为濒临、轻度、中度、严重、极度失调衰退五个类别。
总的来看，协调发展最基本的要求是耦合度至少等于 0.5，在此基础
上，耦合度越高越好。若耦合度低于 0.5，则需引起高度重视，进一
步研究系统 X 和 Y 的发展为何相互失调，以及如何促进两者耦合度的
提升，进而推动两者的耦合类型从失调衰退向协调发展转变。

第二节　协调发展模型的解析

为明确耦合模型或协调发展模型的内在机制，本书绘制图 7 - 3

和图 7 - 4。

　　其中，图 7 - 3 呈现了协调度 C、综合发展度 T 与两个系统 X 和 Y 发展水平的相互关系。横轴和纵轴分别为系统 X 和 Y 的发展水平。由于经过最大最小值标准化处理，X 和 Y 均处于 0—1，因此图中矩形 OMAN 为协调度和综合发展度的可行区域。

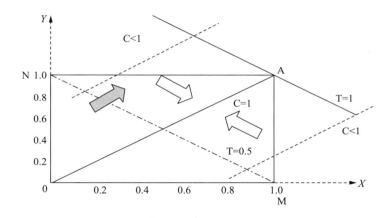

图 7 - 3　协调度、综合发展度解析

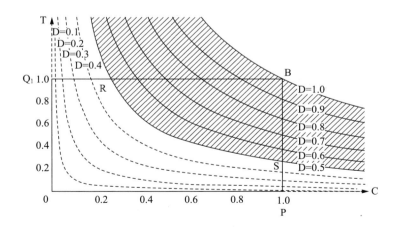

图 7 - 4　耦合度解析

　　第一，就协调度而言，由其推导过程可知，当 X 和 Y 相等时，协调度达到最大值1，该状态可由矩形 OMAN 的对角线 OA 表示。而当 X 和 Y 不等时，协调度具体数值不可得，但可确定的是 C<1。因此，两个坐标轴所围成的象限中除对角线 OA 上协调度为1，其他区域协调度均小于1，而在坐标轴上协调度为0。图7-3中白色箭头指示了协调度由低到高的趋势。另外，在对角线 OA 的左上方，协调度的变化源自 Y 大于 X，在对角线 OA 的右下方，协调度的变化源自 Y 小于 X。无论是在对角线 OA 的左上方还是右下方，X 和 Y 的差距越大，协调度就越低。

第二，就综合发展度而言，依据式（7-9）绘制了 T=0.5 和 T=1 两条直线，此处假设 α=β=0.5。受 X 和 Y 范围所限，图7-3 中 T=1 仅有 A 点处于可行区域内。换言之，当且仅当两个系统的发展水平 X 和 Y 同时达到最高值1，两者的综合发展度 T 才能达到最大值。当两个系统的发展水平 X 和 Y 同时为最低值0时，综合发展水平为最低值0。图7-3中灰色箭头指示了综合发展度由低到高的变动趋势。另外，当综合发展度为固定值时，X 和 Y 的散点图可能位于对角线 OA 的左上方，也可能位于对角线 OA 的右下方，或正好在对角线 OA 上，这意味着 X 和 Y 呈现相互替代关系，而各条综合发展度线正是综合发展度的无差异线，综合发展水平 T 从原点 O 向 A 点逐步提高。

图7-4 呈现了耦合度 D 与协调度 C、综合发展度 T 的相互关系。设横轴为协调度 C，纵轴为综合发展度 T。由于 C、T 的值介于0—1，因此图中矩形 OPBQ 为耦合度 D 的可行区域。由式（7-10）可知，耦合度与协调度、综合发展度密切相关，图7-3中标出了耦合度曲线簇。受 C 和 T 范围所限，图中 D=1 仅有 B 点处于可行区域内。换言之，当且仅当协调度和综合发展度均为1时（B 点），两个系统的耦合度才能达到最高值1。当协调度和综合发展度均为0时，两个系统的耦合度为最低值0。除此之外，协调度和综合发展度越高，则耦合度也越高，表现为耦合度向坐标轴所围成象限的右上方不断提升。此外，各耦合度曲线也是 C 和 T 相互替代的无差异线，即同一耦合度水平可能是高协调—低发展或低协调—高发展的组合。前文将耦合度

以 0.5 为界作出区分，如图 7 - 4 所示，则阴影部分 BRS 表示良性耦合—协调发展型，而剩余部分为恶性耦合—失调衰退型。

根据前文所述，协调度很高而综合发展度较低时，可视为"伪协调"，如 S 点下方所示。假设协调度 C 为最高值 1，要使耦合度达到分界程度 0.5，则综合发展度 T 必须至少达到 0.25。相应地，若综合发展度很高而协调度很低，可视为"伪发展"，如 R 点左方所示。综合发展度即使达到最高值 1，协调度也必须至少达到 0.25，两个系统 X 和 Y 才可能处于协调发展状态。综上所述，随着系统间的相互作用，综合发展水平和协调程度逐步变化，协调和发展存在四大模式：低协调—低发展、高协调—低发展、低协调—高发展、高协调—高发展。其中，只有发展和协调的双高模式才是真正的良性耦合模式。

第三节　金融与经济协调发展度的测算与分析

本章研究金融发展与经济增长的协调发展程度，若两者协调发展，则表明金融稳定性较高；若两者失调衰退，则表明金融稳定性较差。因此，按照前文所述，构建金融发展和经济增长的协调发展模型，即将金融发展和经济增长视为两个交互作用的系统，测度两者的耦合度或协调发展度。

一　金融与经济协调发展度的测算

从理论上来说，金融和经济两者应当相互促进、协调发展，这也正是金融稳定的其中一层含义，本书借鉴前文所述耦合模型对此进行分析。具体而言，将金融发展和经济增长视为相互交错的两个系统。前文第四章已计算出金融发展综合指数 FD 和经济增长指数 EG，将其分别作为两个系统的发展水平 X 和 Y 代入式（7 - 8）至式（7 - 10），分别核算出金融发展与经济增长的协调度 C、综合发展度 T 以及耦合度 D。鉴于金融发展综合指数的样本序列为 1999 年第一季度至 2012 年第四季度，经济增长指数的样本序列为 1999 年第一季度至 2014 年第一季度，此处将考察样本定为 1999 年第一季度至 2012 年第四季度，总共 56 个样本点。

最终计算结果见表 7 - 3，相应的耦合趋势见图 7 - 5。首先，金融发展和经济增长的综合发展度波动上升，但近年来持续上升趋势被打破。1999 年第一季度至 2012 年第四季度的波动范围为 0.084—0.705，均值为 0.372。2007 年第一季度综合发展度跨越 0.5，在此之前上升趋势明显，在此之后波动趋势明显。其次，样本期间，金融发展和经济增长的协调度波动范围为 0.033—0.999，均值为 0.826，协调度相对较高。在 1999—2012 年的 56 个季度中，只有 6 个季度（1999 年第一季度、2000 年第一季度、2009 年第一季度、2009 年第二季度、2011 年第一季度、2012 年第一季度）的协调度低于 0.5，呈现不协调特征。从图 7 - 5 可以看出，大多数季度中金融发展和经济增长的协调水平都很高，这对应了前文所述的"伪协调"状态，即如 2007 年第一季度之前的高协调低发展模式。最后，通过耦合模型所计算的耦合度则更进一步表明金融发展和经济增长的协调发展状况。1999 年第一季度至 2012 年第四季度，耦合度波动范围为 0.065—0.084，均值为 0.529。1999 年第一季度至 2002 年第四季度，耦合度全部低于 0.5，呈现金融发展与经济增长的失调衰退状态，表明金融稳定性较低。2004 年第四季度至 2008 年第四季度，耦合度全部高于 0.5，表明该阶段金融稳定程度较高。2009 年上半年金融发展和经济增长的耦合度较低，体现了金融危机对我国金融稳定的冲击。

图 7 - 6 展示了金融发展、经济增长和综合发展度的趋势。由图可知，1999 年第一季度至 2012 年第四季度，金融发展和经济增长水平都波动上升。其中，经济增长指数在 2006 年第三季度突破 0.5，金融发展综合指数在 2007 年第一季度突破 0.5。在此之前，两者的发展水平都相对较低，可见，2007 年左右是金融发展和经济增长水平变动的分水岭。2007 年之前，金融发展和经济增长水平的变动相互交织，经济增长水平依次高于、低于、高于金融发展水平，与此同时，两者的综合发展度也从 0.084 波动上升至 0.516。2007 年之后，金融发展和经济增长的波动频率和幅度都显著提升。在 2008 年国际金融危机

表 7 - 3　　　　　　金融发展与经济增长的耦合计算结果

时间	综合发展度 T	协调度 C	耦合度 D	时间	综合发展度 T	协调度 C	耦合度 D
1999 年第一季度	0.084	0.050	0.065	2006 年第一季度	0.344	0.963	0.576
1999 年第二季度	0.089	0.679	0.245	2006 年第二季度	0.381	0.866	0.574
1999 年第三季度	0.103	0.823	0.291	2006 年第三季度	0.375	0.760	0.534
1999 年第四季度	0.091	0.705	0.254	2006 年第四季度	0.479	0.935	0.669
2000 年第一季度	0.093	0.319	0.172	2007 年第一季度	0.516	0.998	0.718
2000 年第二季度	0.125	0.783	0.313	2007 年第二季度	0.562	0.996	0.748
2000 年第三季度	0.156	0.904	0.375	2007 年第三季度	0.633	1.000	0.796
2000 年第四季度	0.164	0.962	0.397	2007 年第四季度	0.705	1.000	0.840
2001 年第一季度	0.145	0.959	0.373	2008 年第一季度	0.565	0.711	0.634
2001 年第二季度	0.197	0.730	0.379	2008 年第二季度	0.521	0.876	0.675
2001 年第三季度	0.138	1.000	0.372	2008 年第三季度	0.461	0.993	0.676
2001 年第四季度	0.194	0.999	0.441	2008 年第四季度	0.441	0.997	0.663
2002 年第一季度	0.278	0.632	0.419	2009 年第一季度	0.480	0.033	0.126
2002 年第二季度	0.202	0.970	0.442	2009 年第二季度	0.499	0.335	0.409
2002 年第三季度	0.235	0.995	0.483	2009 年第三季度	0.466	0.746	0.590
2002 年第四季度	0.227	0.977	0.471	2009 年第四季度	0.581	0.911	0.728
2003 年第一季度	0.290	0.995	0.537	2010 年第一季度	0.602	0.799	0.694
2003 年第二季度	0.299	0.908	0.521	2010 年第二季度	0.526	0.938	0.703
2003 年第三季度	0.252	0.956	0.490	2010 年第三季度	0.596	0.938	0.747
2003 年第四季度	0.255	0.865	0.469	2010 年第四季度	0.697	0.951	0.815
2004 年第一季度	0.268	0.995	0.516	2011 年第一季度	0.604	0.492	0.545
2004 年第二季度	0.278	0.957	0.516	2011 年第二季度	0.573	0.759	0.659
2004 年第三季度	0.255	0.836	0.462	2011 年第三季度	0.552	0.944	0.722
2004 年第四季度	0.286	0.901	0.507	2011 年第四季度	0.657	0.975	0.801
2005 年第一季度	0.288	0.988	0.533	2012 年第一季度	0.504	0.297	0.387
2005 年第二季度	0.288	0.946	0.522	2012 年第二季度	0.496	0.598	0.545
2005 年第三季度	0.320	0.923	0.543	2012 年第三季度	0.483	0.890	0.656
2005 年第四季度	0.339	0.802	0.521	2012 年第四季度	0.571	0.987	0.751

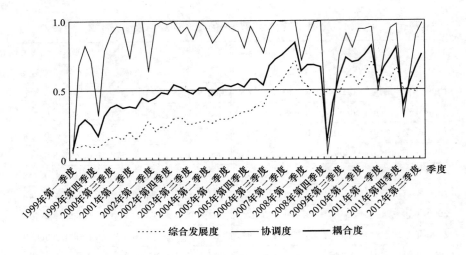

图 7 – 5 金融发展与经济增长耦合趋势

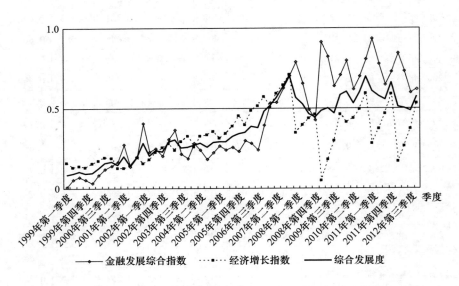

图 7 – 6 金融发展综合指数、经济增长指数与综合发展度

的冲击下，经济增长大幅下调，但金融发展水平在政府的强力调控下保持在高位，促使两者的综合发展度在 0.5 左右徘徊。2010 年之后，经济增长逐步进入调整期，金融发展水平也与之呈同向变动。金融发展水平在 2011 年第三季度达到近年来最高值 0.934，且近年来虽波动

较为频繁，但都高于0.5。相对而言，经济增长水平虽在调整期有所
提高，但仍未达到其2007年第四季度的最高值0.704，且大多都低于
0.5。因此，近年来，金融发展和经济增长的综合发展度都未得到显
著提升。

　　由图7-5也可以看出，金融发展与经济增长的协调度变动趋势。
当两者同向发展，发展水平相近时，协调度较高，当两者反向变化，
协调度随之降低。协调度的变化源自金融发展综合指数和经济增长指
数本身的相对波动，上一段已对此作出详细说明，因此，本书不再赘
述金融发展综合指数、经济增长指数与协调度的趋势。

　　二　金融与经济协调发展结果分析

　　为进一步明确金融发展与经济增长的协调发展态势，绘制图7-7
和图7-8，分别与耦合机制中的图7-3和图7-4相互对应。

　　图7-7中，横轴为金融发展指数FD，纵轴为经济增长指数EG，
四种不同图形标示了1999—2002年、2003—2005年、2007—2008
年、2009—2012年四个阶段的散点。由前文可知，若金融发展和经济
增长两者的散点落于自原点向右上方延伸的对角线上，则表明两者的
协调度达到最高程度1，越偏离对角线，协调度越低。

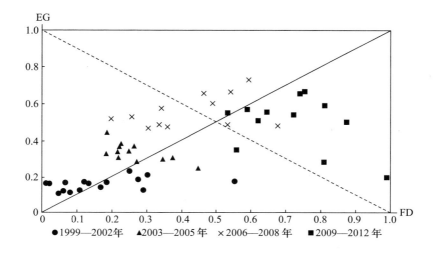

图7-7　金融发展与经济增长的协调度、综合发展度

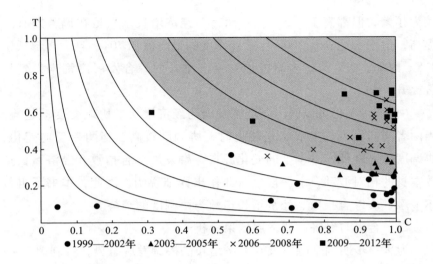

图 7 - 8　金融发展与经济增长的耦合态势

　　首先，自 1999 年起的四个阶段，散点不断偏离对角线，这意味着金融发展与经济增长的协调度有逐渐降低的趋势，或协调度的离散程度越来越高。

　　其次，对角线左上半部分表示经济增长指数高于金融发展指数，右下半部分表示金融发展指数高于经济增长指数。由图 7 - 6 可知，1999—2002 年、2003—2005 年、2006—2008 年三个阶段中，大部分季度经济增长水平都高于金融发展水平；而 2009—2012 年各季度金融发展综合指数普遍高于经济增长指数。这在一定程度上反映了我国经济增长自 1999 年起发展迅速，而到 2008 年后逐渐减速，进入调整期；相应地，金融发展水平在 2008 年之前发展较慢，随着近年来金融改革进程的加速，金融发展水平得到显著提升。这与前文对金融发展综合指数和经济增长指数的分析一致。

　　最后，分析各阶段协调度较低的几个点。1999—2002 年，经济增长指数徘徊在 0.2 左右，而金融发展综合指数跨度较大，2002 年第一季度显著脱离阶段平均水平，达到 0.404（见表 4 - 9），从而导致当季协调度大幅下调到 0.631。由原始数据可知，该现象主要源自 2002年第一季度信贷规模的大幅提升和银行资产占比即银行规模和结构的大幅调整。2005 年第四季度金融发展综合指数仅为 0.229，经济增长指数为 0.448，协调度为 0.802。金融发展水平较低的原因在于股票市价总值与 GDP 之比的大幅下跌，反映了 2005 年资本市场的大力改革显著影响了金融发展水平，从而金融发展与当时的经济增长水平不相适应。2009 年第一季度金融发展综合指数高达 0.914，经济增长指数则为 0.046，协调度低至 0.033，落入不协调区间。究其原因，2008 年底国家出台"四万亿"救市计划，从而 2009 年第一季度 M2 与 GDP 之比达到最高值，信贷规模也大幅提升，促使金融发展综合指数短期突然上调。

综上可知，我国近年来金融发展与经济增长协调程度的波动很大程度上受到政策调整的影响，金融体制改革过程中新政策的出台可能迅速拉动间接融资规模，也可能对不甚完善的资本市场产生负面冲击，宏观经济政策对金融和经济的调整也体现在短期的剧烈波动上。换言之，我国金融和经济政策的短期影响较为剧烈，若更注重改革过程的渐进式展开，并且不断调节金融和经济体系内部的结构问题，则政策实施的影响将更为平稳和具有持久性，这有利于有效推进我国金融发展和经济增长的协调共进。

另外，可观察综合发展度的变化。由前文可知，若金融发展和经济增长的散点位于坐标轴中沿右下方延伸的对角线上，则代表两者的综合发展度为 0.5；在该对角线左下方表示综合发展度低于 0.5，右上方表示综合发展度高于 0.5。首先，四个阶段的散点从原点向右上方不断推进，表明 1999—2012 年金融发展和经济增长的综合发展度不断提升。

由图 7-7 可知，除 2008 年第三季度、第四季度等 7 个季度外，2007 年第一季度后综合发展度均高于 0.5，并于 2007 年第四季度达到最高值 0.705。根据各阶段散点向右上方延伸的范围可知，1999—2002 年、2006—2008 年两个阶段的综合发展度提升幅度较大，2009—2012 年阶段次之，2003—2005 年阶段提升幅度最小。1999—2002 年金融发展综合指数提升较快（表现为该阶段散点向右方平移）拉动了综合发展度的大幅提升，2006—2008 年金融发展和经济增长都有显著提升（表现为该阶段散点沿右上方移动），2009—2012 年金融发展和经济增长波动都较大，从而综合发展度提升幅度较低，2003—2005 年经济增长的稳定提升伴随着金融发展的停滞不前，导致两者的综合发展度徘徊在 0.3 左右。由此可知，综合发展度的提升有赖于金融发展和经济增长至少一方的提升，若两者同时提升，则协调度也相应改善。若金融发展和经济增长一方提升，另一方降低，则不仅综合发展度停滞不前，协调态势也会相应恶化。

图 7-8 中，横轴表示金融发展和经济增长的协调度，纵轴表示金融发展和经济增长的综合发展度。由前文可知，随着协调度和综合发展度的变化，耦合度相应地自原点向坐标轴的右上方提升，每一条曲线分别代表耦合度为 0.1—0.9 的递增，右上方的顶点则表示耦合度达到最高值 1。另外，图 7-8 中阴影部分代表耦合度大于 0.5 的区域，即协调—发展类型，非阴影部分则为失调—衰退类型。根据图 7-8 可进一步观察耦合类型的变动。

大致来看，自 1999—2012 年的四个阶段，金融发展和经济增长的耦合度总体上呈不断上升趋势。其中，第一阶段处于失调—衰退区域，后三个阶段基本处于协调—发展区域。

具体而言，1999—2002 年耦合度从 0.065 提升到 0.483，虽从"极度失调—衰退"跨越 5 个等级转化为"濒临失调—衰退"，但未突破临界点 0.5。由图 7-8 可以看出，耦合度的提升伴随着协调度 C 的上升，而综合发展度 T 也相应得到提升。2002—2005 年，耦合度徘徊在 0.5 周围，表现为"濒临失调—衰退"和"勉强协调—发展"两种类型，这一阶段协调度较高，但综合发展度未有实质性提升。2006—2008 年，除 2006 年第三季度外，耦合度全部高于 0.5，2007 年第四季度达到该阶段最高值 0.840，从"勉强协调—发展"提升到"良好协调—发展"，之后又逐渐降低至"初级协调—发展"。2009—2012 年，除 2009 年第一季度等三个季度外，耦合度也全部高于 0.5，从"勉强协调—发展"波动上升，并稳定在"中级协调—发展"和"良好协调—发展"类型。

总的来看，金融发展与经济增长两者的协调发展模式变化如下：

1999—2002 年呈"高协调—低发展"，2003—2005 年呈"高协调—中发展"，2006—2008 年呈"中协调—高发展"，2009—2012 年呈"低协调—高发展"。金融发展和经济增长并未呈现"高协调—高发展"的模式，因此，我国金融适度性或金融稳定程度有待提高。

本章小结

金融稳定要求金融发展与经济增长协调共进，即金融发展和经济增长不仅自身不断提升，而且这种提升速度及幅度相互适宜。从协调发展方面来说，金融发展和经济增长两者的交互关系可大致呈现四种金融稳定状态：第一，金融发展和经济增长同时同向稳步提升，这是金融稳定的最优状态；第二，金融发展和经济增长同时提升，但一方提升快于另一方，这是金融稳定的次优状态；第三，金融稳定和经济增长一方提升而另一方下降，这是两者不协调的充分表现，可视为金融不稳定；第四，金融稳定和经济增长水平同时下降，这是"伪协调"的情况，也不是金融稳定应有的状态。根据前文分析，协调和发展构成了系统的耦合，因此，金融发展与经济增长的耦合度就大致与金融稳定的状态相互对应，耦合度越高，金融稳定程度越高。实际中考虑的多是金融发展度，应当结合发展度和协调度综合评价金融稳定状态。

由前文分析可知，2007 年可视为金融发展的"分水岭"，在此之前金融发展水平较低，在此之后金融发展水平快速提升。鉴于经济增长水平在 1999—2012 年大致呈波动上升状态，因此，综合发展度也在 2007 年左右发生较大改变。而协调度并无明显的上述趋势，即 2007 年前后都存在协调度较高的时期。由于 2007 年之前综合发展度较低，因此，2007 年之前的高协调应当视为"伪协调"状态。因此，大致来看，2007 年是金融发展和金融稳定状态变化的关键时点。此外，2006—2008 年，金融发展和经济增长水平都快速提升，两者耦合度也较高，这一阶段呈现出了金融稳定状态。

　　1999—2012 年，金融稳定状态的变化很大程度上源自经济政策的影响。金融危机期间，经济增长水平显著下降，但金融发展水平仍然持续上升。这一方面由于我国金融自由化程度相对较低，因而受金融危机影响较低；另一方面由于宏观经济政策短期大力推动了金融变量的波动。换言之，我国的金融发展受到市场的影响较低，受到政策的影响较高。这在很大程度上阻止了经济下行期金融发展水平的降低，但却表现为金融发展和经济增长的不协调，从而我国的金融得以发展但不稳定。随着金融体制改革的深化，金融自由化程度的提升，我国金融发展水平能否在市场的力量下稳步提升，并与经济增长水平相互协调是一个需要重点关注的问题。

第八章 研究结论与对策建议

第一节 中国金融稳定的综合评价

从金融发展与经济增长关联性的研究视角出发，本书对中国1999—2012年的金融稳定状态进行了探讨。国内外学者对金融稳定的定义尚未取得共识，但不可否认的是金融稳定离不开金融发展和经济增长。一般而言，金融稳定意味着金融机构和金融市场正常运转，不发生金融危机，或在遭受冲击时能够进行有效抵御。实际上，金融稳定源自金融发展和经济增长在相互关联中保持正常状态。基于上述认识，本书从不同层面来研究金融发展与经济增长的关联性，从而对金融稳定状况进行测度和评价。

在展开实证研究之前，本书首先在第三章对改革开放以来我国的金融发展和金融稳定历程做出了简要回顾，即回顾我国金融体系、金融监管和金融稳定评估的发展。伴随着三十年的高效经济增长，我国的金融发展水平也在不断改革中得以完善。间接融资系统、直接融资系统和外部融资系统反映了金融自由化改革进程的不断加快，同时也催生了金融监管机制的建立与完善及其对金融稳定问题的密切关注。这样的金融发展和经济增长背景进一步证实了本书的研究意义。

全书对金融发展和经济增长关联性的实证研究始于第四章对两者的测度。本书构建了一个涵盖间接融资、直接融资、外部融资三大方面的金融发展指标体系，并采用客观赋权和主观赋权相结合的方法计算金融发展综合指数。同时，构建了经济增长指数。随后，从微观、宏观、系统三个层面对金融发展和经济增长的关联性进行解析，并由此判断金融稳定状态。在微观层面，经济实体、金融中介的预期收益和实际收益的相对高低决定了金融风险程度的大小，将金融发展、经济增长作为相应的宏观代理变量，第五章检验了金融不稳定假说在我国是否成立。在宏观层面，金融发展对经济增长的影响即金融功能的有效发挥标志着金融稳定的重要特征之一，第六章采用了两个变参数模型考察了我国金融稳定的突变和渐变趋势。在系统层面，金融发展和经济增长的协调共进表明金融的适度性发展和稳定健康发展，第七章借鉴了物理学中的耦合模型计算了金融发展和经济增长两个系统的协调度、综合发展度和耦合度，从协调发展理论对金融稳定状态进行了解释。

经过全书的理论和实证研究，本书得出以下几个主要结论：

第一，金融发展水平呈现较为显著的两阶段变化，2007 年可视作自 1999 年以来我国金融发展的分水岭。在 2007 年之前，金融发展水平相对较低，2007 年之后金融发展水平随着间接融资系统、直接融资系统和外部融资系统改革的深入推进而得以大幅提升。其中，2001 年左右以及 2008 年左右是我国金融发展水平波动最为频繁的时期。经济增长水平则呈现三阶段的变化：1999—2007 年的快速上升，2008—2009 年的突然下降以及 2010—2014 年的稳定调整期。

第二，自 1999 年以来，我国金融风险水平上下波动，未呈现金融不稳定假说的不断累积之势。相对而言，我国在经济下行期更符合金融不稳定假说，同时也意味着经济上行期政策调控更为频繁。随着经济增速放缓和金融市场的大力发展，金融风险存在加速提升的隐患。

第三，我国金融发展对经济增长呈现较为显著的正向促进作用，且该正向促进作用从 2006 年年底得到提升。2002—2006 年，以及 2009—2010 年，我国金融发展对经济增长的影响程度下滑。

第四，金融发展与经济增长两个系统从 1999 年起依次呈现"高协调—低发展"、"高协调—中发展"、"中协调—高发展"、"低协调—高发展"，综合发展度相对稳定提升，但两者的协调度却不断恶化，从而尚未呈现"高协调—高发展"的金融高适度性和稳定模式。

综合全书来看，自 1999 年以来，我国的整体金融稳定状态良好，这很大程度上得益于政府政策的宏观调控和金融改革的深入推进。然而，金融系统内部结构的不完善和金融政策传导机制的不畅通影响了金融功能的有效发挥。此外，金融发展与经济增长水平在提升的同时，未能保障两者的协调性，限制了两个系统的耦合演进。随着金融自由化和国际化改革的不断加速、经济增长增速的放缓、政府调控难度的提升以及新兴非正规金融机制的日益出现，我国的金融稳定在未来将面临较大的挑战。

目前我国经济面临结构性调整，有着可期的未来增长，而随着改革的持续进行，我国经济将会面临更严峻的风险考验，对于国内经济运行安全的风险评估与防范将迎来更多的挑战。

首先，要高度重视世界经济在大停滞和大分化过程中对中国经济形成的冲击。世界经济在复苏过程中将继续呈现大分化的特征，危机具有传导效应，我国要考虑到世界不同经济体将会出现的变化，从而充分把握中国经济应对这些变化时调整的性质和可能的方式。世界经济不平衡的逆转决定了供给侧增量调整与存量调整是本轮危机治理中的基本政策定位，需求侧管理具有辅助性，其核心在于避免转型过猛带来的总量过渡性下滑和系统性风险的爆发。

其次，在财政赤字扩大的基础上，强化积极财政政策的定向宽松。由于 GDP 增速下滑，土地市场疲软势必导致政府性收入下滑的困境。而考虑到地方债市场容量的狭小和制度的不完全以及地方融资平台风险的扩大，提高财政赤字水平的重要渠道应该是提高中央的财政赤字率，进一步扩大地方债的置换规模。在"营改增"全面推进的情况下，可以考虑将结构性减税过渡为总量性减税，尤其是那些供给不足、创新活力很强、升级压力较大的行业进行全面减税。降低企业的税收负担，减少企业的盈利压力。

再次，全社会高杠杆率短期难降低，进一步推行适度宽松的货币政策在高杠杆高债务环境中，需要对大量的僵尸企业进行出清、对高债务企业进行债务重组。通过保持适度宽松的货币政策，推动新兴产业的发展，缓冲传统行业盈利下滑带来的冲击。同时，人民币汇率波动以及中国资本的外逃是可能诱发金融风险的关键点。因此，货币政策必须在稳定人民币汇率的预期上着力。

最后，国际政治局势日趋复杂，汇率波动承压。近年中国人民银行宣布退出汇率的常态化干预，市场对汇率的决定将起到更主要的作用，但特定情况下必要的干预仍将保留。未来人民币汇率将更趋向于稳定的双向波动，很难出现大幅度贬值的情况。综观国际政治局势，中东极端势力发展迅猛、南海问题各方剑拔弩张都提升了美元的吸引力，但随着中国经济的稳定增长和渐进转型，人民币国际化也将提升人民币避险的吸引力。

第二节 中国金融稳定的对策建议

本节基于前文的理论和实证分析，对促进我国的金融稳定提出几点建议。

一 改善金融稳定评估框架

随着金融体制改革的开展我国对金融形势的监测已获得了显著的进步，但还远不足以应对当前迅速演变的金融和经济运行态势。在当前金融监测框架的基础上，借鉴国内外研究机构、学者及相关部门的监测经验，构建更为细致的监测框架是加强我国金融稳定评估的重中之重。根据本书的研究，在金融稳定评估框架中考虑金融发展与经济增长的关联性有助于提升金融风险的预警能力。此外，历次国内外金融危机表明，碎片化的数据很大程度上阻碍了金融稳定形势的评估，从而导致不能将金融危机控制在萌芽时期。因此，借鉴当前国内外各行业的大数据系统建设经验，构建金融大数据系统，获取及时、有效、准确的数据信息是加强我国金融稳定情况监测的关键所在。与金融相关的经济部门的运行也要尽可能量化，构建相互关联的大数据系统以改变过去凭直觉开展的行政管理模式，使金融监管工作更加精准、高效。

　　改善金融稳定评估框架可从如下几点着手：（1）构建合适的指标体系，区分核心指标和一般指标、超前指标和滞后指标、短期指标和长期指标等；（2）不仅监测指标的数值变化，而且监测指标数值的波动速度以及波动剧烈的指标数目等；（3）依据我国的实际情况界定指标的阈值，而非盲目参照国际惯例。总之，我国在金融监测方面应该分清主次，把握住那些能对金融稳定态势产生较大影响的因素，做到合理规避与分散金融不稳定风险。

　　金融体系环环相扣，金融机构间的关系错综复杂，金融业务或指标的波动极有可能牵一发而动全身。因此，有效提升监测技术是保障金融稳定工作顺利进行的必要条件。首先，可利用互联网的优势以及计算机技术深度分析采集的多样化金融数据，从中挖掘有效信息，判断金融形势的变化。其次，需培养具有较高专业技术素养的金融监测技术队伍，全面推动金融监测工作的标准化、科学化和规范化建设，保障金融监测活动的持续进行。最后，应当借鉴国内外各领域的专家学者所提供的新型监测手段，改进国际相关金融机构和研究部门所采用的金融监测技术、金融数据处理方法以及金融稳定报告的发布和运用模式等，有针对性地定期对我国金融稳定状况进行监测和预警。

二　保障政策调控的平稳性

　　从国际经验来看，金融体系的市场化改革导致很多发展中国家金融动荡，甚至导致了灾难性的金融危机。虽然金融危机的原因很多，但几乎所有的金融危机有一个不容忽视的原因：中央银行或货币当局未能制定严格的审慎监管、金融机构的不良资产比例迅速增加，最终导致金融急剧动荡。有效的金融监管体系，能够抑制银行的风险管理、降低市场波动，平衡和协调相关的经济活动，以弥补缺乏改革的政策设计，缓解其短期的影响，促进银行之间的有序竞争，提高银行的偿付能力，从而稳定金融系统。同时，中央银行仍然通过一种间接方式实现良好的宏观调控，以使其政策意图有效地影响金融体系和实体经济。目前，贷款利率和存款利率是重要的控制工具，中央银行如果取消存贷款利率，必须建立相应的市场基准利率，并形成中央银行基准利率的市场监管模式，有效地发挥间接调控机制的作用。

在金融市场化过程中，必须建立一套完善的中央银行间接调控体系，存款准备金政策，优惠政策，公开市场操作和利率能够密切配合。利率市场化逐渐走上正轨后，中央银行不再直接决定金融机构存贷款利率，但参照货币市场和宏观经济形势的变化，通过制定再贷款利率、再贴现利率、存款准备金利率以及公开市场操作等来影响市场利率水平。此外，为了有效地防范和化解利率自由化的金融风险，中央银行必须建立独立的决策机构，加强金融监管。如使用现代的科技手段，建立数据模型，计算利率敏感性和程度的风险，结合特殊的审计，促进预警机制的形成，化解金融机构经营的风险。建立存款保险制度，建立存款保险公司，建立银行信用评价体系，保证有序竞争。完善利率管理规章制度，严格执行限制不公平竞争的法律，对商业银行进行有效管理。

另一项重点工作是修复银行的资产负债表以及采取举措，建设一个更有力的金融监管框架。需改善银行的资产负债表和业务模式，以增强投资者的信心，降低市场分割程度，增加对有偿付能力的中小企业的信贷供给。银行增加披露以及对资产质量进行选择性的检查有助于恢复市场对银行资产负债表的信心和强化市场约束。

政府政策的调控对我国的金融稳定发挥了至关重要的作用，然而我国近年来金融发展与经济增长水平的波动以及两者的关联性也受到政策调整的负面影响。金融体制改革过程中新政策的出台可能迅速拉动间接融资规模，也可能对不甚完善的资本市场产生负面冲击，宏观经济政策对金融和经济的调整也体现在短期的剧烈波动上。随着金融和经济体系对外开放程度的加深，政府政策的制定和实施面临着更大的挑战，以往的政策调整路径不得不考虑国际因素的影响。因此，如何提升政策调整技术是未来经济体制改革过程的一项重要课题。另外，我国政策调整幅度较大和短期波动明显很大程度上源自政策传导机制的不畅通，在金融自由化改革过程中理顺政策传导途径是保障政策调控平稳性的重要内容。

三　深化金融风险处置机制

金融体系的复杂性和金融风险的累积性要求及时化解金融风险，

而金融风险的处置则依赖各相关部门的密切协调。我国的金融与经济监管相关部门，应根据实际情况及时调整和实施相应的宏观审慎管理政策，逐步建立起适用于我国自身的金融稳定保障机制。各个宏观政策管理部门之间在金融风险预警、金融稳定情况监测及金融监管方面加强合作，结合现有的金融风险处置办法，制定与时俱进的危机处理方案及应急措施，争取在金融稳定的维护上尽快做到与国际接轨，同时又兼顾自身情况，从而有效发挥金融应有的功能，带动经济可持续健康发展。

部分行业产能过剩和经济结构调整使得银行风险可能上升。供给侧结构性改革，如去产能、去库存、去杠杆、降成本、补短板，提高供给体系质量和效率，促进经济金融更高质量、更有效率、更加公平、更可持续发展。商业银行是我国金融的主体，是供给侧结构性改革的一大关键。由于产能过剩行业的融资很大一部分来自银行信贷，银行在控制因产能过剩而引发的信贷风险上面临严峻的考验。为应对这一问题，商业银行要降低信贷杠杆、盘活信贷存量、调整信贷结构、转变风险观念。但应注意的是，银行的惜贷反过来又提高了企业的融资成本，加剧了产能过剩行业的经营困难和违约的可能性。同时，经济增速放缓以及去产能、去库存、去杠杆，可能加速风险暴露，增加风险管控难度。

企业杠杆率的上升和外汇敞口的增加导致经济体在面对债券利率或汇率的突然变动时脆弱性增加。在一定程度上，银行出现了类似的情况；它们正受益于有利的利差和强健的资本充足率，但面对资产质量下降以及某些情况下来自非正式信贷渠道的冲击，银行仍然脆弱。政策制定者必须保持警惕，防范银行潜在的资产质量恶化和破坏性短期资本流动所积累的金融风险。如果宏观经济政策是由国内经济周期决定，宏观审慎政策可能需要进行部署，以平滑信贷周期和阻止杠杆与流动性的过度积累。2012 年，许多国家和地区的审慎措施已得到紧缩，包括中国、中国香港和新加坡，但是为了加强金融稳定，可能需要进一步的调整，包括对信贷扩张非常迅速的部门和银行的非对冲外汇借款施加限制。政策制定者同样需要考虑采用动态资本缓冲，而按照国际标准的稳健的减值贷款确认将确保在信贷周期早期对问题贷款进行足够的冲销。尽管如此，由于宏观审慎措施可能进展缓慢或其影响的不确定性，为减缓风险积累，资本流动管理措施也可能是必要的。

四　密切关注非正式金融风险

非正式金融的开展通常蕴含较高的金融风险，然其是在金融体系无法满足需求时市场倒逼机制的产物，同样在改革进程中对我国的经济运行发挥着积极的作用。因此，应采取客观的态度应对不断产生的非正式金融新形式，理解其产生的必要性和伴随的风险性。对于非正式金融的监管，应当采取例外管理原则，根据实际情况及时加以监管和调整。一方面引导非正式金融的规范化发展，有效促进其经济增长效应的发挥；另一方面改革正式金融的欠缺之处，相互借鉴、相互制约，构建一个正式金融与非正式金融并存的多层次、多形式、统筹协调的金融体系。换言之，密切关注非正式金融的新发展，采取例外管理方案及时有效地对其加以引导，从而有效化解金融风险。

除了考虑可获得的正规金融系统的数据，多个新兴市场经济体的非正式证据表明，在银行资产负债表之外提供信贷的风险的上升，通常被描述为"影子银行"。这种非传统的借贷活动，包括将典当行作为一种隐性的信贷来源、跨境工资汇款、一些小额信贷活动以及使用另类"财富管理产品"等。净新增贷款中，越来越多地来自非传统渠道，主要是信托基金和企业债券市场，这些市场以两位数的速度高速扩张。这些细分市场的增长反映了监管套利——代理人试图绕过对贷款增长和存款报酬的限制以及当局进行金融系统自由化和多样化的不懈努力。

多元化改进了金融服务的可获得性，但是同样引发了对于金融稳定新的担忧，因为许多新的融资渠道仍然与银行系统相关联，且其中大部分尚未经过市场压力的考验。较低的利率和有利的外部融资条件使金融风险有所缓解，一定程度上支持了经济增长，但这些条件的延长可能会导致金融脆弱性的提升和潜在金融不稳定的积累。

因此，为应对这种环境，我国需要警惕企业和住户资产负债表中过度的杠杆积累，同时确保银行资本缓冲足以承受冲击和资本流动逆转。这可能需要对增长非常迅速的信贷部门施加限制。

五　推进金融适度发展改革

渐进式金融改革推动了我国经济的稳步运行，同时印证了金融的适度发展、金融与经济的协调共进才是合理有效的改革路径。我国区域经济发展不平衡现象决定了各地金融发展及金融改革应当有先后和程度之分，过快的金融改革不仅蕴含较高的金融风险，而且不能在短期内发挥改革的示范效应。因此，根据各地经济发展水平，适度推进金融改革有其必要性和合理性。同样地，我国和其他国家的经济发展水平、经济发展模式大相径庭，应当实施有中国特色的金融改革路径，逐步达成金融改革目标的同时，保障我国经济在金融自由化浪潮中健康稳步发展。

自 2011 年以来，我国经济运行中蕴含的金融安全隐患越发凸显，这是我国当前重要的安金隐患。近年来，我国经济增长出现超预期下滑，各类指标创近 20 年来的新低。GDP 增速跌破 7%，包括克强指数在内的各类经济指标的持续恶化，都标志着中国宏观经济正步入严峻的下滑期。世界经济复苏在分化中呈现乏力的状况，而我国作为出口主导型经济体，受到严峻考验。而值得关注的是，中国经济本轮回落的低迷期与以往的经济疲软有着本质的差别。中国经济动力开始出现疲软，经济正面临增长速度换挡期：第一，从人口结构来看，我国面临人口结构的转型。自 2011 年以来，劳动年龄人口占比首次出现下降，劳动力的稀缺性加剧抑制了资本的回报率，使投资需求降低。第二，我国的全要素生产率自 2007 年以来不断下降，但下降速度有所放缓。这表明传统要素投资对我国经济的驱动贡献度逐年下降，单纯依靠对传统要素投资已经不能成为刺激我国经济发展的主要途径。

金融周期与经济周期的交织下行，加剧了金融的顺周期效应，同时其与房地产周期、人口周期及地方政府债务周期发生共振，容易诱发系统性与区域性风险。房地产作为信贷的重要抵押品，使得金融和房地产两者相互依存，其在金融周期中发挥着举足轻重的作用。在一系列宽松政策的刺激下，市场较为充裕的流动性使房地产市场出现明显的回暖迹象，但却也出现了明显的区域分化特征。如今，金融周期步入下行区间，房地产等抵押品价格下降，银行信用萎缩，导致经济持续低迷。房地产业的低迷，使以依赖土地出让来偿还债务的地方融资平台的风险进一步加剧。同时，过度的库存和区域分化将加剧局部地区困难，易诱发金融系统性风险。金融周期、房地产周期与资本外流三个问题本身就是紧密联系，同时又遭遇我国金融体系的去杠杆化进程，在经济下滑预期下很可能形成所谓的螺旋式加速下滑模式，即金融体系本身固有的顺周期效应，进而导致我国金融系统性风险的出现。

六 协调金融稳定的国际合作

金融风险传染具有多层次、多通道和交互式的复杂特征。从历史发展来看，流动性问题日益成为金融机构之间和金融子市场之间越来越紧密地关联的一个关键问题。一方面，由于金融本身所固有的高杠杆性，市场流动性极易快速放大和萎缩，流动性风险可以在短时期内急剧放大；另一方面，市场流动性很容易通过金融市场在不同金融机构之间、不同金融子市场之间快速周转，不仅影响各金融机构的业务经营和风险管理，也影响到市场价格和交易量。市场流动性的这种易变性和扩散性，不仅在 2008 年以来的全球性金融危机中有所体现，而且在过去几年中国金融市场出现的"钱荒"现象、证券市场的剧烈波动以及外汇市场的大幅波动等现象中都有显著体现。金融机构和金融子市场通过市场流动性越来越紧密地联系起来，而这种紧密联系又使流动性冲击更易在整个系统内快速传播，一方面这种紧密联系能使系统更容易分担流动性冲击的影响，但另一方面一旦这种冲击达到一定程度，就更容易导致系统的全面失能甚至崩溃，这种"稳健而脆弱"的特征将会是一个常态。

在亚洲金融危机之前，利率市场化改革在东南亚大部分地区已经取得了比较理想的结果。但金融危机爆发，泰铢出现问题后，由于缺乏政策协调和货币合作的机制，国家面对的危机不是试图找到一种方法来共同应对危机，而是以邻为壑。事与愿违，破坏了利率市场化的良好局面，最终各国不得不对利率进行关注。

近年来，全球经济复苏乏力，各国中央银行货币政策操作频繁，大宗商品价格以及汇率、利率等金融市场价格均波动加大，全球金融市场之间的相互影响进一步加深，中国以产业转型和产业升级为目标的经济改革也步入深水区。政策的跨境协调有助于减轻资本流动的风险。产生和接受大额资本流动的国家间跨境协调也可以在减轻资本流动的风险性方面发挥重要作用。在今天的经济和金融全球化时代，只有通过加强国际和地区合作，使金融自由化过程符合各国的经济发展水平和区域经济形势，才能更有效地抵御外部金融动荡对中国带来的负面影响。良好的国际金融环境能够促进金融体制改革乃至整个经济体制改革的顺利进行。所以，更广泛地开发类似的国际经济政策协调与合作，积极利用亚太经合组织等机制和形式，将更有利于目标的顺利实现，推动中国的经济改革在未来促进国民经济全面快速发展。

在全球层面，须保持警惕，确保宽松的货币政策以及长期实行低利率不会产生新的信贷过度。应加强金融监督以限制金融过度行为，而且监管需在此周期中发挥更加积极的作用，无论是在宏观层面还是微观审慎层面。抑制杠杆过快上升，并鼓励执行审慎的贷款标准将仍是主要目标。决策者必须警惕跨境资本流动增加和国内金融脆弱性不断上升所带来的风险。这些政策将巩固近期在金融稳定方面取得的进展，加强全球金融体系，并支持经济前景持续改善。应在放开资本流入的同时控制资本流出。具体地，应逐步放开对长期资本流入的管制，但仍应严格管制资本流出。这种不对称性应贯穿资本项目开放过程的始终。在长期资本流动方面，可先放松直接投资的汇兑限制（包括外商来华投资和国内企业的对外投资）。然后，在条件成熟时逐步放松对证券投资和银行贷款的汇兑限制，其中，可先行放宽股票交易的限制，带有衍生品性质的交易应最后解除限制。在短期资本流动方面，在总体上应当保持较长时间的限制。

经济全球化折射出的国家货币主权与限制问题值得关注。在美元霸权的国际货币体系，美国作为主要货币发行者本应增强美元的货币责任意识，防止滥用货币发行权。但按照习惯国际法，美国一般情况下不需要因其币值改变而承担国际法的国家责任。当前的 IMF 条约并未能对国际储备货币发行国的货币行为建立有效约束，这加大了对别国货币主权的损害。美国在 IMF 占有最大份额，对许多国际重大事务具有一票否决权，直接阻碍了 IMF 的改革。中国应充分发挥自身影响力，积极推动 IMF 改革，争取更多的国际话语权来维护自身利益。值得注意的是，我国已牵头成立亚洲基础设施投资银行，旨在试图打破美国主导的国际金融格局，但是如何有效利用该行并避免风险需要进一步的深入研究。

参考文献

［1］［美］爱德华·肖:《经济发展中的金融深化》,邵伏军、许晓明、宋先平译,上海人民出版社 1993 年版。

［2］巴曙松、左伟、朱元倩:《金融网络及传染对金融稳定的影响》,《财经问题研究》2013 年第 2 期。

［3］马亚明、邵士妍:《资产价格波动、银行信贷与金融稳定》,《中央财经大学学报》2012 年第 1 期。

［4］巴曙松、王劲松、华中炜:《中国金融体制改革进展与趋势分析》,《云南财经大学学报》2008 年第 2 期。

［5］白当伟:《中国银行业利差水平的市场结构因素与利率市场化改革》,《上海金融》2007 年第 2 期。

［6］白钦先、谭庆华:《论金融功能演进与金融发展》,《金融研究》2006 年第 7 期。

［7］宾国强:《实际利率、金融深化与中国的经济增长》,《经济科学》1999 年第 2 期。

［8］曹海珍:《中国债券市场发展评析》,《中央财经大学学报》2003 年第 9 期。

［9］曾康霖:《金融稳定理论研究的拓展与深化——〈中国金融稳定:内在逻辑与基本框架〉评介》,《财贸经济》2014 年第 3 期。

［10］陈朝旭、张文、赵宇飞:《我国固定资产投资规模与宏观经济关系的实证分析》,《工业技术经济》2005 年第 6 期。

［11］陈华、伍志文:《银行体系脆弱性,理论及基于中国的实证分析》,《数量经济技术经济研究》2004 年第 9 期。

［12］陈继勇、徐涛：《20 世纪 80 年代以来外商对华直接投资的主要特点》，《江汉论坛》2003 年第 12 期。

［13］陈佳贵：《中国地区工业化进程的综合评价和特征分析》，《经济研究》2006 年第 6 期。

［14］陈满堂：《入世与中国的金融安全》，《武汉交通科技大学学报》2000 年第 3 期。

［15］陈守东、杨莹、马辉：《中国金融风险预警研究》，《数量经济技术经济研究》2006 年第 7 期。

［16］陈伟光：《中国银行业的合理结构：一个分析框架》，《财贸经济》2004 年第 9 期。

［17］陈伟国、张红伟：《金融发展与经济增长——基于 1952—2007 年中国数据的再检验》，《当代经济科学》2008 年第 3 期。

［18］仇方道：《县域可持续发展综合评价研究》，《经济地理》2003 年第 3 期。

［19］戴小平等：《区域金融安全问题研究》，《金融理论与实践》2000 年第 6 期。

［20］邓翔、谭璐：《"金融不稳定假说"的逻辑线索及现实意义》，《西南大学学报》（社会科学版）2010 年第 4 期。

［21］段小茜：《金融稳定界说：定义、内涵及制度演进》，《财经科学》2007 年第 1 期。

［22］方兆本、朱俊鹏：《中国金融稳定的度量及预测》，《金融论坛》2012 年第 10 期。

［23］费孝通：《珠江模式的再认识》，《瞭望周刊》1992 年第 6 期。

［24］冯文博、郭炜：《金融深化理论与我国的金融改革》，《经济研究》2011 年第 11 期。

［25］高铁梅：《计量经济分析方法与建模——Eviews 应用及实例》（第二版），清华大学出版社 2009 年版。

［26］贵斌威、徐光东、陈宇峰：《融资依赖，金融发展与经济增长：基于中国行业数据的考察》，《浙江社会科学》2013 年第 2 期。

［27］郭红兵、杜金岷：《中国综合金融稳定指数（AFSI）的构建、

应用及政策含义》，《金融经济学研究》2014 年第 1 期。

[28] 韩廷春：《金融发展与经济增长：经验模型与政策分析》，《世界经济》2001 年第 6 期。

[29] 何建雄：《建立金融安全预警系统指标框架与运作机制》，《金融研究》2001 年第 1 期。

[30] 侯增周：《山东省东营市生态环境与经济发展协调度评估》，《中国人口·资源与环境》2011 年第 7 期。

[31] 胡海峰、孙飞：《中国奇迹下的资本奇迹——对中国资本市场 20 年发展的解读》，《教学与研究》2011 年第 1 期。

[32] 胡秋灵、马丽：《我国股票市场和债券市场波动溢出效应分析》，《金融研究》2011 年第 10 期。

[33] 胡泽、夏新平、余明桂：《金融发展、流动性与商业信用：基于全球金融危机的实证研究》，《南开管理评论》2013 年第 3 期。

[34] 黄达：《金融学（货币银行学）》，中国人民大学出版社 2009 年版。

[35] 黄继鸿、雷战波、凌超：《经济预警方法研究综述》，《系统工程》2003 年第 2 期。

[36] 江春、许立成：《金融监管与金融发展：理论框架与实证检验》，《金融研究》2005 年第 4 期。

[37] 江世银：《金融监管体制改革问题及其深化》，《金融理论与实践》2009 年第 1 期。

[38] 雷辉：《我国固定资产投资与经济增长的实证分析》，《对外经济贸易大学学报》2006 年第 2 期。

[39] ［美］雷蒙德·戈德史密斯：《金融结构与金融发展》，周朔等译，上海人民出版社 1996 年版。

[40] 李稻葵、汪进、冯俊新：《货币政策须对冲市场情绪：理论模型和政策模拟》，《金融研究》2009 年第 6 期。

[41] 李佳：《金融稳定向不稳定的演变路径——以资产证券化为分析视角》，《财经科学》2013 年第 5 期。

［42］李娟：《银行业市场结构对金融稳定的影响机制》，《学术交流》2014 年第 1 期。

［43］李向前、诸葛瑞英、黄盼盼：《影子银行系统对我国货币政策和金融稳定的影响》，《经济学动态》2013 年第 5 期。

［44］李新运、孙瑛、常勇：《山东省区域可持续发展评估及协调对策》，《人文地理》1998 年第 4 期。

［45］李妍：《金融监管制度、金融机构行为与金融稳定》，《金融研究》2010 年第 9 期。

［46］廖重斌：《环境与经济协调发展的定量评判及其分类体系——以珠江三角洲城市群为例》，《热带地理》1999 年第 6 期。

［47］林海明、林敏子、丁洁花：《主成分分析法与因子分析法应用辨析》，《数量经济技术经济研究》2004 年第 3 期。

［48］林毅夫、李永军：《中小金融机构发展与中小企业融资》，《经济研究》2001 年第 1 期。

［49］林毅夫、章奇、刘明兴：《金融结构与经济增长：以制造业为例》，《世界经济》2003 年第 1 期。

［50］刘超、马玉洁：《影子银行系统对我国金融发展、金融稳定的影响——基于 2002—2012 年月度数据的分析》，《经济学家》2014 年第 4 期。

［51］刘恒、陈述云：《中国经济周期波动的新态势》，《管理世界》2003 年第 3 期。

［52］刘鸿儒：《中国资本市场的战略地位与前景展望》，《上海金融学院学报》2007 年第 4 期。

［53］刘金全、金春雨、郑挺国：《我国通货膨胀率动态波动路径的结构性转变特征与统计检验》，《中国管理科学》2006 年第 1 期。

［54］刘金全、于惠春：《我国固定资产投资和经济增长之间影响关系的实证分析》，《统计研究》2002 年第 1 期。

［55］刘立峰：《实际经济活动与金融不稳定性》，《财经问题研究》1999 年第 11 期。

［56］刘清江、张晓田：《金融安全问题研究》，《当代财经》2001 年第 2 期。

［57］刘荣、崔琳琳：《金融稳定视角下国际影子银行监管改革框架研究》，《财经问题研究》2013 年第 1 期。

［58］刘文革、周文召、仲深：《金融发展中的政府干预、资本化进程与经济增长质量》，《经济学家》2014 年第 3 期。

［59］刘锡良、罗得志：《金融制度变迁与金融稳定》，《财贸经济》2000 年第 3 期。

［60］卢荻：《"珠江模式"的形成、特色、作用》，《中共党史资料》2009 年第 3 期。

［61］陆静：《金融发展与经济增长关系的理论与实证研究——基于中国省际面板数据的协整分析》，《中国管理科学》2012 年第 1 期。

［62］逯进、陈阳：《中国区域经济发展 30 年》，《东方论坛》2012 年第 3 期。

［63］［美］罗纳德·麦金农：《经济发展中的货币与资本》，卢骢译，上海人民出版社 1997 年版。

［64］马克思：《资本论》（第三卷），人民出版社 1975 年版。

［65］马轶群、史安娜：《金融发展对中国经济增长质量的影响研究——基于 VAR 模型的实证分析》，《国际金融研究》2012 年第 11 期。

［66］马勇：《基于金融稳定的货币政策框架：理论与实证分析》，《国际金融研究》2013 年第 11 期。

［67］马勇：《社会自律文化、银行发展与金融监管》，《当代经济科学》2013 年第 4 期。

［68］马正兵：《中国金融发展的经济增长效应与路径分析》，《经济评论》2008 年第 3 期。

［69］明斯基：《凯恩斯通论新释》，张德卉译，清华大学出版社 2009 年版。

［70］牛凯龙、马君潞、范小云：《动态一致、制度耦合与中国金融

发展悖论——对转轨时期中国金融发展"麦金农之谜"的解释》，《中央财经大学学报》2010 年第 9 期。

[71] [美] 欧文·费雪：《繁荣与萧条》，李彬译，商务印书馆 2012 年版。

[72] 潘成夫：《量化宽松货币政策的理论、实践与影响》，《国际金融研究》2009 年第 8 期。

[73] 潘海英、顾超超、黄梓薇：《长三角区域农村金融系统协调性的测度：1995—2011》，《农业技术经济》2013 年第 3 期。

[74] 庞彦军、刘开第、张博文：《综合评价系统客观性指标权重的确定方法》，《系统工程理论与实践》2001 年第 8 期。

[75] 浦小松、陈伟：《我国固定资产投资与经济增长的协整性研究》，《市场论坛》2009 年第 2 期。

[76] 冉光和、李敬、熊德平、温涛：《中国金融发展与经济增长关系的区域差异》，《中国软科学》2006 年第 2 期。

[77] 任歌：《我国固定资产投资对经济增长影响的区域差异性研究》，《财经论丛》2011 年第 5 期。

[78] 沈军、谭晓微：《金融稳定评估：国际比较与中国案例》，《亚太经济》2014 年第 6 期。

[79] 施华强：《国有商业银行账面不良贷款、调整因素和严重程度：1994—2004》，《金融研究》2005 年第 12 期。

[80] [美] 斯坦利·布鲁、兰迪·格兰特：《经济思想史》，邸晓燕等译，北京大学出版社 2008 年版。

[81] 苏静、胡宗义、唐李伟：《我国能源—经济—环境（3E）系统协调度的地理空间分布与动态演进》，《经济地理》2013 年第 9 期。

[82] [日本] 速水佑次郎：《发展经济学：从贫困到富裕》，李周译，社会科学文献出版社 2003 年版。

[83] 谈儒勇、丁桂菊：《外部融资依赖度与增长机会：金融发展效应行业差异探析》，《华南师范大学学报》（社会科学版）2007 年第 3 期。

［84］唐兴国、刘艺哲：《银行贷款竞争对金融稳定的影响——基于贷款利率市场化的实证研究》，《金融经济学研究》2014年第1期。

［85］万光彩：《金融稳定目标与货币政策框架演进》，《西藏大学学报》（社会科学版）2012年第2期。

［86］万晓莉：《中国1987—2006年金融体系脆弱性的判断与测度》，《金融研究》2008年第6期。

［87］汪祖杰、吴江：《区域金融安全指标体系及其计量模型的构建》，《经济理论与经济管理》2006年第3期。

［88］王靖、张金锁：《综合评价中确定权重向量的几种方法比较》，《河北工业大学学报》2001年第2期。

［89］王力伟：《宏观审慎监管研究的最新进展：从理论基础到政策工具》，《国际金融研究》2010年第11期。

［90］王良健、钟春平：《产业结构调整中金融发展的作用与定位》，《经济地理》2001年第6期。

［91］王凌云：《新兴经济体金融发展能促进全球金融稳定吗？——对"资产短缺"假说的质疑》，《学术界》2012年第12期。

［92］王晓枫：《我国商业银行资本充足率的研究》，《财经问题研究》2003年第10期。

［93］王宇、蒋彧：《中国经济增长的周期性波动研究及其产业结构特征（1992—2010年）》，《数量经济技术经济研究》2011年第7期。

［94］王元龙：《关于金融安全的若干理论问题》，《国际金融研究》2004年第5期。

［95］王元龙：《中国金融安全论》，中国金融出版社2003年版。

［96］王长江：《金融稳定研究：内涵及一个框架》，《上海金融》2006年第11期。

［97］文洪武：《区域金融稳定宏观预警模型研究》，《上海金融》2011年第1期。

［98］吴军：《金融稳定内涵综述及框架分析》，《外国经济与管理》

2005 年第 3 期。

[99] 吴念鲁、郧会梅：《对我国金融稳定性的再认识》，《金融研究》
2005 年第 2 期。

[100] 吴文恒、牛叔文：《甘肃省人口与资源环境耦合的演进分析》，
《中国人口科学》2006 年第 2 期。

[101] 吴晓求：《关于当前我国金融改革和资本市场发展若干重要问
题的看法》，《金融研究》2006 年第 6 期。

[102] 肖汉平：《金融体系变革与机构投资者发展研究》，《证券市场
导报》2007 年第 1 期。

[103] 肖崎、阮健浓：《我国银行同业业务发展对货币政策和金融稳
定的影响》，《国际金融研究》2014 年第 3 期。

[104] 谢多：《中国债券市场发展原因、建议与展望》，《中国市场》
2013 年第 7 期。

[105] 徐枫、温浩：《金融危机对我国经济的影响——基于金融深化
理论的分析》，《东岳论丛》2011 年第 7 期。

[106] 鄢莉莉、王一鸣：《金融发展、金融市场冲击与经济波动——
基于动态随机一般均衡模型的分析》，《金融研究》2012 年第
12 期。

[107] 姚耀军、董钢锋：《金融发展、金融结构与技术进步——来自
中国省级面板数据的经验证据》，《当代财经》2013 年第
11 期。

[108] 易纲：《中国改革开放三十年的利率市场化进程》，《金融研
究》2009 年第 1 期。

[109] 张春生、蒋海：《人口结构与股票市场：文献综述》，《国际金
融研究》2014 年第 6 期。

[110] 张洪涛、段小茜：《金融稳定有关问题研究综述》，《国际金融
研究》2006 年第 5 期。

[111] 张金清、陈卉：《我国金融发展与经济增长关系的适度性研
究》，《社会科学》2013 年第 5 期。

[112] 张伟斌 、刘可：《供应链金融发展能降低中小企业融资约束

吗？——基于中小上市公司的实证分析》，《经济科学》2012
年第 3 期。

[113] 张幼文：《金融安全的国际与国内条件》，《上海金融》1999
年第 7 期。

[114] 张元萍、刘泽东：《金融发展与技术创新的良性互动：理论与
实证》，《中南财经政法大学学报》2012 年第 2 期。

[115] 赵昌文、杜江、杨记军：《中国股市股指收益序列的结构性变
点与重大事件反应——基于 ICSS：MV 算法的实证研究》，第
四届中国经济学年会论文集，2004 年。

[116] 赵小克、李惠蓉：《金融发展和经济增长关系的再检验》，《统
计与决策》2013 年第 51 期。

[117] 钟伟、王浣尘：《金融体系协调发展的模型与评价》，《上海交
通大学学报》2005 年第 10 期。

[118] 周立、王子明：《中国各地区金融发展与经济增长实证分析：
1978—2000》，《金融研究》2002 年第 10 期。

[119] 周丽丽、杨刚强、江洪：《中国金融发展速度与经济增长可持
续性——基于区域差异的视角》，《中国软科学》2014 年第
2 期。

[120] 周胜强、李向前、范芮彤：《我国中央银行在宏观审慎监管框
架中的核心作用》，《财经问题研究》2012 年第 12 期。

[121] 周中胜、何德旭：《金融稳定视角下的政府金融审计对策研
究》，《财政研究》2012 年第 1 期。

[122] ［美］兹维·博迪、罗伯特·默顿、戴维·克利顿：《金融
学》，中国人民大学出版社 2010 年版。

[123] Allen, F., Qian, J. and M. Qian, "China's Financial System:
Past, Present, and Future", *SSRN Electronic Journal*, 2005.

[124] Bai, Jushan and P. Perron, "Computation and Analysis of Multiple
Structural Change Models", *Journal of Applied Econometrics*,
Vol. 18, No. 1, 2003.

[125] Bakir, C., "What Is Financial Stability and How Do We Get It?",

Policy Sciences, Vol. 50, No. 3, 2011.

[126] Balassa, B., *Financial Liberalization in Developing Countries*, London: Edward Elgar, 1996.

[127] Bernanke, B., M. Gertler and S. Gilchrist, " The Financial Accelerator and the Flight to Quality", *Review of Economics and Statistics*, Vol. 78, No. 1, 1996.

[128] Berthelemy, J. C. and A. Varoudakis, " Economic Growth, Convergence Clubs, and the Role of Financial Development", *Oxford Economic Papers*, Vol. 48, No. 2, 1996.

[129] Bezemer, D. J., "Causes of Financial Instability: Don't Forget Finance", *SSRN Electronic Journal*, 2011.

[130] Blomström, M., R. E. Lipsey and M. Zejan, "Is Fixed Investment the Key to Economic Growth?", *Quarterly Journal of Economics*, Vol. 111, No. 1, 1996.

[131] Bodie Zvi, "Design of Financial Systems: Towards a Synthesis of Function and Structure", *NBER Working Papers*, Vol. 106, No. 3, 2004.

[132] Boot, A. and A. V. Thakor, *Financial System Architecture*, Mindshare Press, 2008.

[133] Borio, Claudio E. V. and M. Drehmann, "Towards an Operational Framework for Financial Stability: 'Fuzzy' Measurement and Its Consequences", *Social Science Electronic Publishing*, Vol. 15, No. 9, 2009.

[134] Castiglionesi and Fabio, " Financial Contagion and the Role of the Central Bank", *Journal of Banking and Finance*, Vol. 31, No. 1, 2007.

[135] Cihak and Martin, *Central Banks and Financial Stability: A Survey*, Sydney: McGraw – Hill Medical, 2007.

[136] Crockett and Andrew, " The Theory and Practice of Financial Stability", *Princeton Essays in International Economics*, Vol. 144,

No. 4, 1997.

[137] Crowder, William J., and D. L. Hoffman, " The Long – Run Relationship between Nominal Interest Rates and Inflation: The Fisher Equation Revisited ", *Journal of Money Credit and Banking*, Vol. 28, No. 1, 1996.

[138] Duisenberg, W. F., " The Contribution of the Financial Stability in Globalization of Financial Markets and Financial Stability: Challenges for Europe ", *Baden Working Paper*, 2001.

[139] Dumitrescu, Elena Ivona and C. Hurlin, " Testing for Granger Non – Causality in Heterogeneous Panels ", *Economic Modelling*, Vol. 29, No. 4, 2012.

[140] Fisher Irving, *The Debt – Deflation Theory of Great Depressions*, Eastford: Martino Fine Books, 2011.

[141] Frankel, Jeffrey A. and A. K. Rose, " Currency Crashes in Emerging Markets: An Empirical Treatment ", *International Finance Discussion Papers*, Vol. 41, No. 3, 1996.

[142] Garcíaherrero, Alicia, S. Gavilá and D. Santabárbara, " China's Banking Reform: An Assessment of Its Evolution and Possible Impact ", *CESIFO Economic Studies*, Vol. 52, No. 2, 2006.

[143] Goodfriend and Marvin, " Financial Stability, Deflation, and Monetary Policy ", *SSRN Electronic Journal*, Vol. 19, No. 1, 2001.

[144] Goodhart, C., " Some New Directions for Financial Stability? ", *FME Special Papers*, 2004.

[145] Greenwald, Bruce C. and J. E. Stiglitz, " Financial Market Imperfections and Business Cycles ", *Quarterly Journal of Economics*, Vol. 108, No. 1, 1993.

[146] Hadlock, Charles J. and C. M. James, " Do Banks Provide Financial Slack? ", *Journal of Finance*, Vol. 57, No. 3, 2002.

[147] Hasan, Iftekhar, P. Wachtel and M. Zhou, " Institutional Development, Financial Deepening and Economic Growth: Evidence from

China", *Journal of Banking and Finance*, Vol. 33, No. 1, 2009.

[148] Kakes, Jan and G. J. Schinasi, "Toward a Framework for Safe-guarding Financial Stability", *IMF Working Papers*, 2017.

[149] Kaminsky, Graciela, S. Lizondo and C. M. Reinhart, "Leading Indicators of Currency Crises", *MPRA Papers*, Vol. 45, No. 1, 1998.

[150] Kónya and László, "Exports and Growth: Granger Causality Analysis on OECD Countries with a Panel Data Approach", *Economic Modelling*, Vol. 23, No. 6, 2006.

[151] Kwan, Andy C. C. , Y. Wu and J. Zhang, "Fixed Investment and Economic Growth in China", *Economics of Planning*, Vol. 32, No. 1, 1999.

[152] Lamont – Brown and Raymond, "The Government's Role In Japan's Economy", *Bulletin Des Sociétés Dophtalmologie De France*, Vol. 70, No. 4, 1970.

[153] Leigh, "Financial Development and Economic Growth: An Econometric Analysis for Singapore", *Social Science Electronic Publishing*, Vol. 23, No. 1, 2006.

[154] Lima, G. T. and Meirelles, A. J. A. , "Macrodynamics of Debt Regimes, Financial Instability and Growth", *Cambridge Journal of Economics*, Vol. 11, No. 4, 2007.

[155] Mckinnon, Ronald I. , "Financial Liberalization and Economic Development", *Oxford Review of Economic Policy*, Vol. 5, No. 4, 1984.

[156] Mian, Atif and A. Sufi, "The Great Recession: Lessons from Microeconomic Data", *American Economic Review*, Vol. 100, No. 2, 2010.

[157] Minsky, Hyman P. , "The Financial Instability Hypothesis", *Social Science Electronic Publishing*, Vol. 20, No. 2, 1999.

[158] Minsky, H. , "A Theory of Systemic Fragility", *Altman Financial*

Crises, Vol. 4, No. 2, 1977.

[159] Mishkin, Frederic S., "The Causes and Propagation of Financial Instability: Lessons for Policymakers", *Economic Policy Symposium*, Vol. 12, No. 1, 1997.

[160] Mulder, Christian R. and M. Rocha, "The Role of Corporate, Legal and Macroeconomic Balance Sheet Indicators in Crisis Detection and Prevention", *IMF Working Papers*, 2002.

[161] Newlyn, W. T. and E. S. Shaw, "Financial Deepening in Economic Development", *Economic Journal*, Vol. 8, No. 3, 1993.

[162] Obstfeld Maurice, J. C. Shambaugh and A. M. Taylor, "Financial Stability, the Trilemma, and International Reserves", *American Economic Journal Macroeconomics*, Vol. 2, No. 2, 2010.

[163] Padoa – Schioppa Tommaso, *Regulating Finance : Balancing Freedom and Risk*, New York: Oxford University Press, 2004.

[164] Perron and Pierre, "Trends and Random Walks in Macroeconomic Time Series: Further Evidence From a New Approach", *Journal of Economic Dynamics & Control*, Vol. 12, No. 2, 1986.

[165] Pesaran, M., Hashem, Y. Shin and R. P. Smith, "Pooled Mean Group Estimation of Dynamic Heterogeneous Panels", *ESE Discussion Papers*, Vol. 94, No. 4, 1998.

[166] Qin and Duo, "How Much Does Investment Drive Economic Growth in China? ", *Journal of Policy Modeling*, Vol. 28, No. 7, 2006.

[167] Rajan, Raghuram G. and L. Zingales, "Financial Dependence and Growth", *Social Science Electronic Publishing*, Vol. 88, No. 3, 1998.

[168] Reddaway, W. B., "The General Theory of Employment, Interest and Money", *Economic Record*, Vol. 12, No. 1, 2007.

[169] Reinhart, Carmen M. and K. S. Rogoff, "From Financial Crash to Debt Crisis", *American Economic Review*, Vol. 101, No. 5, 2011.

[170] Rosengren Eric, "Monetary Policy and Financial Stability", *Eric*

Rosengren, Vol. 21, No. 2, 2013.

[171] Sachs and Jeffrey D., "Financial Crises in Emerging Markets: The Lessons from 1995", *Brookings Papers on Economic Activity*, Vol. 13, No. 1, 1996.

[172] Schinasi and Garry J., "Defining Financial Stability", *Social Science Electronic Publishing*, Vol. 187, No. 4, 2016.

[173] Shih, Victor and Goldilocks, "Liberalization: The Uneven Path Toward Interest Rate Reform in China", *Journal of East Asian Studies*, Vol. 11, No. 3, 2011.

[174] Stiglitz, Joseph E., "Capital Market Liberalization, Economic Growth, and Instability", *World Development*, Vol. 28, No. 6, 2000.

[175] Trenca, I., Petria, N. and Corovei, E., "A Macroprudential Framework for European Commercial Banking Sector: An Early Warning System With Logit Approach", *Revista Economica*, Vol. 66, No. 1, 2014.

[176] Vercelli and Alessandro, "Structural Financial Instability and Cyclical Fluctuations", *Structural Change and Economic Dynamics*, Vol. 11, No. 1, 2000.

[177] Wade, R. and F. Veneroso, "The Asian Crisis: The High Debt Model versus the Wall Street – Treasury Complex", *Australasian Accounting Business and Finance Journal*, Vol. 9, No. 1, 2000.

[178] William J. Crowder and Pieter J. de Jong, "Does Investment lead to Greater Output? A Panel Error – Correction Model Analysis", *Applied Economics*, Vol. 43, No. 7, 2011.

[179] Yao Yang and L. Yueh, "Law, Finance, and Economic Growth in China: An Introduction", *World Development*, Vol. 37, No. 4, 2009.

[180] Zheng, G., Zhang, X., Shang, W. and Xu, S., "Macro Finance Early Warning System", *Frontiers of Computer Science in China*, Vol. 3, No. 2, 2009.